Schellenberger
Lieber Hausmann als Kirchenmann

Bernardin Schellenberger

LIEBER HAUSMANN ALS KIRCHENMANN

Patmos Verlag Düsseldorf

Die Deutsche Bibliothek – CIP-Einheitsaufnahme

Schellenberger, Bernardin:
Lieber Hausmann als Kirchenmann / Bernardin Schellenberger.
– 1. Aufl. – Düsseldorf : Patmos-Verl., 1994
ISBN 3-491-72309-4

© 1994 Patmos Verlag Düsseldorf
Alle Rechte vorbehalten
1. Auflage 1994
Umschlagbild: Rene Magritte, Die unerwartete Antwort,
© VG Bild-Kunst, Bonn 1993
Gesamtherstellung: Bercker GmbH, Kevelaer
ISBN 3-491-72309-4

INHALT

7 Einführung
10 Bei den Franziskanern
20 Begeisterter Trappist
23 Fragen
28 Glück und Umbruch
33 Studium und neue Perspektiven
35 Einsamkeit und personale Liebe
48 Sprung in die Profeß
und in die Probleme des Konvents
51 Prior und Novizenmeister
61 Ausbruch
68 Sabbatjahr und Neuorientierung
76 Als »Bruder Bernardin« in Winzingen
80 Wieder Fragen
83 Ich finde und liebe ein Du
89 Wir finden eine gemeinsame Orientierung
94 Ringen um den nächsten Schritt
102 Der Zug »nach unten«
111 Die Liebe zu Christus verraten?
117 Geistliche Reifung: zunehmende Integration
118 Warum zeigt Jesus den ehelosen Weg?
124 Den Glauben verloren?
129 Das Leben ist ein Weg, kein Stand
133 Ganzheitliche Liebe
142 Als Exkommunizierter leben

Vor zwei Jahren habe ich mich radikal verändert. Ich wurde binnen einer knappen Woche herauskatapultiert aus meinem Mönchs- und Priesterstand, wurde über Nacht vom Kirchenmann zum Hausmann. Vorgehabt hatte ich, in Ruhe zu gehen und mir für die Vorbereitung aller Betroffenen noch ein Vierteljahr Zeit zu lassen. Aber alles ging ganz schnell. Rückblickend bin ich froh darüber.

Im Lauf eines guten Jahres vorher war mir aufgegangen: Ich liebte eine Frau so, daß ich mein Leben ganz mit ihr teilen wollte, und sie empfand das gleiche. Das verstand ich als den Ruf zu einem Schritt weiter, über das Bisherige hinaus, in neue Dimensionen, neue Weiten, in eine neue Reife. Doch wie das verwirklichen? Wie die Menschen darauf vorbereiten, die mich als Mönch, als Priester, als Seelsorger kannten und schätzten?

Alles lange Kopfzerbrechen, wie ich vorgehen sollte, erwies sich als überflüssig. »Macht euch keine Sorgen, wie und was ihr reden sollt; denn es wird euch in jener Stunde eingegeben, was ihr sagen sollt« (Mt 10,19). Das stimmt. Ich habe es so erfahren.

Wir brauchten nur anzufangen, ein, zwei Menschen schonend in unser Vorhaben einzuweihen – und schon löste das eine rasante Kettenreaktion zum Bischof hin und vom Bischof her aus, so daß ich binnen einer knappen Woche suspendiert war. Es gelang mir gerade noch in letzter Sekunde, meine Winzinger Gemeinde mit eigenen Worten über das Amtliche Mitteilungsblatt zu informieren. Als das Blatt ausgeliefert wurde, ging ich mit mulmigem Gefühl durchs Dorf, aber es war, als hätte ich Geburtstag: Unzählige Menschen gratulierten mir und wünschten mir alles Gute. Tags darauf kam die Nachricht in der Lokalzeitung: »Katholischer Priester traf schwerwiegende Entscheidung: Bruder Bernardin will heiraten.« Am darauffolgenden Sonntag veranstalteten etliche Gemeindemitglieder auf dem Kirchvorplatz mit Transparenten eine Sympathiedemonstration für mich und grundsätzlich für verheiratete Priester. Der Reporter der BILD-Zeitung kam eine halbe Stunde zu spät und konnte nur noch die Nachbarin ausfragen und sich von ihr ein altes Foto aus einem Bildband über mein Kloster besorgen. Auf ein Dutzend Anrufe von Zeitungen und Rundfunkstationen auf dem Anrufbeantworter reagierte ich nicht. Mir schienen der Zeitpunkt und diese Medien nicht geeignet, irgendwelche Erklärungen abzugeben. Damit war das Wesentliche gesagt und überstanden – binnen zehn Tagen. Ich blieb noch einige Wochen im Dorf und widmete mich weiter der Seelsorge, in Formen, die mir damals noch nicht ausdrücklich untersagt waren. So konnte jeder, der wollte, seine Reaktion äußern. Ich wollte ja verantworten, was ich vorhatte, wollte jedem Gelegenheit geben, mit mir zusammen »Trauerarbeit« – oder »Freudenarbeit« – zu leisten.

1980 habe ich ein Buch darüber geschrieben, »Was ein Mönch erfährt«. Seit damals habe ich in größeren Abständen mit Lesern die Erfahrungen meines Glaubens- und Lebensweges geteilt. Leserbriefe zeigten mir, daß ich einigen Menschen damit Mut für ihren eigenen Weg machen konnte und daß es Menschen gibt, die an meinem Leben Anteil nehmen. So entstehen Verpflichtungen, so spürt man seine Verantwortung für das eigene und das Leben anderer, und so soll es auch sein: Wir sind alle miteinander auf dem Weg, und jeder beeinflußt den anderen, wissentlich oder nicht.

Die Frage: »Warum hast du deine Mönchsprofeß, deine Priesterweihe hinter dir gelassen?« wurde immer wieder an mich herangetragen. Privat habe ich dem einen oder anderen einiges darüber gesagt oder geschrieben.

Im Frühjahr 1993 wurde ich eingeladen, bei einer Veranstaltung des Katholischen Bildungswerks in Stuttgart im Rahmen einer Vortragsreihe über die Problematik des Zölibats darüber zu sprechen, »Warum ich geheiratet habe«. Das schien mir ein angemessenes Forum, mich – anderthalb Jahre nach der Aufregung – zu äußern und mit Interessierten und Engagierten ins Gespräch, auch ins kontroverse, zu kommen. Darum habe ich zugesagt und wochenlang an einem Text dafür gearbeitet. Ich war enttäuscht. Es kamen einige Freunde, es kamen rund vierzig wohlwollende Zuhörer, aber die Gesprächspartner, die ich mir gewünscht hätte, fehlten. Vertreter der »Amtskirche« (ich bestehe auf dem Ausdruck, er stimmt – leider –!), Kleriker, Theologen, kamen nicht. Später erfuhr ich, daß die Veranstalter vom Bischof nachträglich schwer gerügt wurden, mich überhaupt eingeladen zu haben. Aus der weitergehenden Arbeit an dem Manuskript dieses Vortrags ist das vorliegende Buch entstanden. Es ist eine Rückschau auf meinen seitherigen geistlichen Weg geworden, wie ich ihn selbst – gewiß sehr subjektiv; aber letztlich muß ich mich als *Subjekt* verantworten – sehe und deute und deshalb voll Vertrauen, ja Freude weiterzugehen vermag. So will ich jetzt meinen Weg schildern und meine Gedanken dazu äußern. Denn in einer Zeit akuter Krise der Kirche und Enttäuschung der Menschen, die von ihr Ermutigung zum mündigen Glauben erwartet hatten, fühle ich mich verpflichtet, mich nicht einfach lautlos davonzustehlen oder mir den Mund verbieten zu lassen, sondern zu erzählen, was ich erlebt habe und wie ich leben kann.

BEI DEN FRANZISKANERN

Daß Gott *Wirklichkeit* sei, ja *die* atemberaubende Wirklichkeit; daß Gott das Gesicht und das Du sei, dem nahezukommen die wichtigste, faszinierendste Aufgabe im Leben sei, hat mich als Jugendlichen gepackt. So wollte ich sofort nach dem Abitur im April 1963 in ein Kloster eintreten. Ich war damals 19 Jahre alt und von naivem jugendlichem Enthusiasmus erfüllt. Das Kloster war in meinen Augen die einzige Lebensform, in der man intensiv und ungestört ganz mit und für Gott allein leben konnte.

In diesem Buch möchte ich keine selbstverfaßten Gebete aus meinen Tagebüchern zitieren; die sollen im Raum der Intimität bleiben. Wohl aber möchte ich hier einen Text von Michel Quoist wiedergeben, in dem ich damals meine Stimmung vollkommen ausgedrückt fand, weshalb ich ihn abgeschrieben habe (den Fundort weiß ich nicht mehr):

Herr, du hast mich ergriffen, und ich konnte Dir nicht widerstehen.
Ich bin weit gelaufen, aber Du hast mich verfolgt.
Ich habe Umwege gemacht, aber Du hast sie erkannt.
Du hast mich wieder getroffen.
Ich habe mich gesträubt.

Du hast gewonnen!

Herr, da bin ich, ich habe ja gesagt, atemlos, abge-
kämpft, fast trotz meiner selbst.

Und stand da, zitternd wie ein Besiegter vor der
Gnade seines Besiegers,

Als Du Deinen Liebesblick auf mich gerichtet hast.

Herr, ich werde Dich nicht mehr vergessen können.

In einem Augenblick hast Du mich erobert.

In einem Augenblick hast Du mich ergriffen,

Meine Zweifel wurden weggefegt,

Meine Furcht ist davongeflogen;

Denn ich habe Dich erkannt, ohne Dich zu sehen,

Ich habe Dich gefühlt, ohne Dich zu berühren,

Ich habe Dich verstanden, ohne Dich zu hören.

Gezeichnet bin ich vom Feuer Deiner Liebe,

Herr, ich werde Dich nicht mehr vergessen können.

Jetzt weiß ich Dich da, nahe bei mir, und im Frieden arbeite ich unter Deinem Liebesblick.

Ich weiß nicht mehr, ob man sich anstrengen muß,
um beten zu können.

Es genügt, die Augen meiner Seele zu Dir zu erheben, um Deinem Blick zu begegnen.

Und wir verstehen uns.

Alles ist klar.

Alles ist Friede.

Manchmal – wie danke ich Dir dafür, Herr, –
kommst Du unwiderstehlich, um mich zu überflu-
ten, wie das Meer langsam den Strand über-
schwemmt,

Oder Du ergreifst mich plötzlich, wie der Liebende
die Geliebte in seine Arme zieht, die sich ihm
schenkt.

Und ich vermag nichts mehr dawider,

Ich bin gefangen, ich muß stehenbleiben.
Hingerissen halte ich den Atem an; die Welt vergeht, Du hebst die Zeit auf.
Ich möchte, daß diese Minuten Stunden werden . . .
Wenn Du Dich zurückziehst und mich im Feuer und fassungslos vor tiefer Freude verläßt,
Habe ich keine Gedanken mehr, aber ich weiß, daß Du mich jetzt um so mehr besitzt.
In mir sind ein paar Fasern mehr ergriffen.
Der Brand hat sich ausgebreitet, und ich bin ein wenig mehr Gefangener Deiner Liebe.
Herr, Du läßt immer noch die Leere um mich sein, aber diesmal von einer anderen Art.
Denn Du bist zu groß, Du löschst alle Dinge aus.
Was ich liebte, scheint mir gering, und meine menschlichen Wünsche schmelzen wie Wachs in der Sonne unter dem Feuer Deiner Liebe.
Was bedeuten mir die Dinge!
Was bedeutet mir mein Wohlergehen!
Was bedeutet mir mein Leben!
Ich begehre nur mehr Dich, ich will nur mehr Dich.
Ich weiß, daß die anderen sagen: »Er ist verrückt.«
Aber, Herr, nicht ich, sie sind es.
Sie kennen Dich nicht.
Sie kennen Gott nicht, sie wissen nicht, daß man ihm nicht widerstehen kann.
Aber mich, mich hast Du ergriffen, Herr, und ich bin Deiner gewiß.
Du bist da, und ich jauchze auf.
Die Sonne überflutet alles, und mein Leben strahlt wie ein Geschmeide.
Alles ist leicht.
Alles ist voll Licht.

Alles ist rein.
Alles singt!
Danke, Herr, danke!
Warum ich, Herr, warum hast Du mich erwählt?
Freude,
Freude,
Tränen der Freude.

Das Pathos dieses Textes – und auch einiger anderer, die ich noch zitieren werde – ist heute nicht mehr das meinige. Vieles daran kommt mir jetzt zu romantisch, zu blumig, zu »heroisch«, zu »einfach« vor. Aber wir Menschen entwickeln uns eben, lernen differenzierter sehen, werden reifer. Wahrscheinlich braucht jeder, damit der Anfangsschub überhaupt zündet, eine geballte Ladung Naivität, Vereinfachung, Romantik. Ich jedenfalls habe das gebraucht und auch bekommen. Und so gehört es zu meiner Geschichte.

Sofort nach dem Abitur trat ich ins Noviziat der Bayrischen Franziskaner ein. Ohne mich richtig über die verschiedenartigen Orden informiert zu haben, war ich auf sie gekommen durch eine Begegnung, die man »Zufall« nennt; doch habe ich solche »Zufälle« in meinem Leben immer mehr als Vorsehung und Fügung sehen, ja erwarten gelernt.

Das Noviziatskloster lag im verschlafenen Städtchen Dietfurt, im damals noch unberührten, unverschandelten Altmühltal. Wir waren vier Novizen, vier Patres, vier Laienbrüder. Unter den Patres war ein alter, weiser Mann von strahlender Liebenswürdigkeit, ansteckendem Humor und großer Weite des Herzens, der Bibliothekar Pater Erasmus. Er hat mich tief beeindruckt. Da war auch der Pater Theobald, ein älterer Volksmissionar, der selbst im strengsten Winter seinen blauen Füßen in den ausgelatschten Sandalen keine Strümpfe gönnte und gelegentlich rigoros fastete. Sie waren, was man sich – romantisch verklärt – unter »urigen«, waschechten Franziskanern vorstellt. Ein besonderes Ereignis war, wenn zeitweise noch Pater Gangolf kam, ein anderer älterer Pater, ein Begeisterter und Franziskusnarr, um uns im Stil der »Fioretti« von unserem Ordensgründer und von Umbrien zu erzählen, das er selbst barfuß und schwitzend – er schwitzte fast immer – kreuz und quer durchwandert hatte. Pater Gangolf machte mit uns Novizen Praktika besonderer Art: »echt franziskanische« Tagestouren ohne einen Pfennig Geld, bei denen wir in unseren malerischen Kutten barfuß rosenkranzbetend weite Strecken wanderten, per Anhalter reisten und uns Speis und Trank erbettelten.

Aber unvermeidlich merkte ich bald, daß wir in der »heilen Welt« des Noviziatshauses und der oberpfälzischen Landstriche nicht das übliche Dasein heutiger Franziskaner führten. Das ging weithin in der Aushilfs-Seelsorge und im Dienst noch recht traditioneller bayrischer Volksfrömmigkeit auf, und die Provinz übernahm wegen des Priestermangels immer mehr Pfarreien, was zur Angleichung an Arbeit und Lebensstil des Weltklerus führte. Wir rezitierten zwar gemeinsam im Chor das gesamte Brevier, aber was mir schmerzlich abging, war ein ausgeprägt liturgisches Leben und war der gesungene Gregorianische Choral, wie ich ihn gelegentlich bei Benediktinern eindrucksvoll miterlebt hatte. Ich hatte gemeint, in Franziskanerklöstern werde das genauso gepflegt. In Dietfurt bestand die »Konventmesse« 1963 noch darin, daß ein Pater mit dem Rücken von uns abgewandt still das

Meßformular vor sich hinmurmelte und wir derweil mit den Leuten den Rosenkranz beteten. Wir setzten durch, daß wir als »Vorbeter« mitwirken, also einige Gebete und die Lesungen deutsch vortragen durften, sofern wir den Priester vorne nicht störten oder aufhielten. Ich erinnere mich noch, wie wir am Karmittwoch in dem Zeitraum die Lukaspassion deutsch vorlesen durften, den der Pater am Altar für die ganze lateinische Passion brauchte. Wir lasen so schnell wie möglich, aber über die Verleugnung des Petrus kamen wir nicht hinaus; an der Stelle mußten wir auf ein lautes Räuspern des Zelebranten hin abbrechen und zur Gabenbereitung am Altar dienen.

So kam es, daß ich nach einem halben Jahr im Noviziatskloster zunehmend das Gefühl hatte, eine andere Art Kloster gesucht und bei den Franziskanern erwartet zu haben – einen Ort, wo die Gott-Suche und die Meditation konsequenter betrieben und das Leben nach einer strafferen geistlichen Disziplin gestaltet würde, und zwar auch nach dem Noviziat.

Ich vertiefte mich damals in die Quellenwerke der franziskanischen Literatur und wurde von der Sehnsucht gepackt, wirklich wie Franziskus arm dem armen Jesus nachzufolgen. Gleichzeitig fand ich auf dem Speicher einen alten Folianten, der auf Latein die gesammelten Werke Bernhards von Clairvaux enthielt. Darin las ich viel und schrieb mir ganze Passagen daraus in mein Notizbuch ab. Auch ein Werk von Heinrich Seuse beeinflußte mich tief, und so inspirierten mich Franziskus, Bernhard und Heinrich Seuse in diesem Noviziatsjahr in einer tiefen Liebe zu Jesus, dem Armen, dem Gekreuzigten, dem ich nachfolgen, dem ich seine Liebe zu mir erwidern wollte. Monate-

lang hat mich eine Zeile aus der Sequenz »Dies irae«
begleitet und beschäftigt, die ihre volle Prägnanz allerdings nur im Lateinischen hat:

Quaerens me sedisti lassus,
Redemisti crucem passus:
Tantus labor non sit cassus.
Bist mich suchend müd gegangen,
Mir zum Heil am Kreuz gehangen,
Mög dies Mühn zum Ziel gelangen.

Ebenso das Wort aus einem lateinischen Hymnus,
das den Geist aller meiner drei Patrone in einem Satz
zusammenfaßt:

Sic nos amantem
quis non redamaret?
Wer könnte anders, als zu lieben
Den, der uns so geliebt hat?

Als mir schließlich in der Noviziatsbibliothek ein
Buch über einen Trappisten-Laienbruder in Amerika
in die Hände fiel, wußte ich schlagartig: *Das* ist es,
was ich suche. Darin war auf schlichte Weise das
Leben des Bruder Joachim in der Abtei Gethsemani in
Kentucky geschildert.

»Bruder Joachim begnügte sich (in allen Fragen
nach Sinn und Angemessenheit seines Lebens) mit der
schlichten, einfachen Begründung: Jesus Christus!
Dieser Name bedeutete für ihn Leben. Er wußte, sollte
es wahres Christentum auf Erden geben, dann mußte
es Menschen geben, die wie Christus sind. Darum
strebte er danach, wie Christus zu sein . . .

Wenn unser Bruder den Kreuzweg betete, mußte er
oft weinen. Gern verweilte er bei der fünften und sechsten Station, denn darin spiegelte sich sein ganzes
Leben. Simon von Cyrene half Jesus sein Kreuz zu

tragen am Tage, an dem die Menschen Gott zum Tode verurteilten. Joachims ganzes Streben ging dahin, ein ›froher Cyrener‹ zu sein. Das Kreuz Christi brauchte ihm nicht aufgezwungen zu werden wie dem Simon, willig bot er seine Schulter an, denn die Menschen kreuzigen Gott immer noch in grausamer Weise. An Tagen, wo er sich besonders armselig vorkam, verweilte er vor der sechsten Station und dankte Veronika dafür, was sie getan. Dann opferte er sein Leben auf und bat Gott, es anzunehmen wie damals das Schweißtuch der Veronika, um damit den Speichel abzuwischen, den die Mitmenschen dem Christus unserer Tage ins blutige Antlitz schleudern. Während die Welt lustig dahinlebte, lebte Joachim seine Vergeltung:

Jesus, mein König, ich kreuzigte Dich.

Jetzt ist's an Dir! – Du kreuzige mich!

Schweigen, Dunkelheit, Armut, Buße, Handarbeit, Schweiß, Kälte, Demütigungen, Gehorsam, Selbstverleugnung, Abgeschiedenheit, Enthaltsamkeit, Wachen und Fasten rieben seine Seele wund, aber seine Augen behielten ihren Glanz, und das Leuchten in seinem Wesen schwand nicht. Wenn Gott die Not Betlehems ertragen konnte, dann konnte Joachim sich auch mit der Armut Getsemanis abfinden. Wenn Gott ein einfacher Dorfzimmermann gewesen war, dann konnte Joachim auch ein gewöhnlicher Farmarbeiter sein. Wenn Gott die Verborgenheit von Nazaret liebte, dann konnte Joachim auch die Mauern des Klosters lieben. Wenn Gott ermüdet von der Arbeit an einem Brunnen sitzen konnte, dann konnte auch Joachim schwitzen unter einer südlichen Sonne. Wenn Gott Todesqual am Ölberg durchmachen und auf dem Kalvarienberg sterben konnte, dann konnte auch Joachim seine Seele nageln an das harte Kreuz des Schweigens, der Einsamkeit, der Buße und des Gebets.«[1]

Ich forschte in Lexikon und Atlas, ob und wo es in Deutschland ein solches Trappistenkloster gebe, und es gab eines in der Eifel. Als ich meinem Novizenmeister eröffnete, ich wollte dort Laienbruder werden, sagte der:»Wenn du dahin gehen willst, sperre ich dir die Tür zu. Denn genau so ernsthaft Suchende wie dich braucht unsere Bayrische Franziskanerprovinz.« Auch der Exerzitienmeister dieses Jahres machte mir plausibel, derlei radikale Einfälle seien bei Novizen üblich und stellten eine besonders gefährliche Form von »Versuchungen« und Illusionen dar. Außerdem sei es unverantwortlich, sich hinter Klostermauern zu vergraben, wenn unzählige Menschen auf Zuspruch und Seelsorge warteten. Ich gehorchte, legte meine erste Profeß auf drei Jahre ab und ging zum Theologiestudium nach München.

Die zwei Studienjahre an der Franziskaner-Hochschule St. Anna schenkten mir – neben einer herzlichen brüderlichen Gemeinschaft von damals rund achtzig jungen Franziskaner-Studenten und ihren Professoren – wertvolle Impulse für mein weiteres Leben und Denken. Dort war durchaus jener spezifisch franziskanische Geist lebendig, der in innerer Freiheit von kirchlich verfestigten Denkschemata und Strukturen schlicht fragt: Wie soll unser Leben nach dem Evangelium heute aussehen? Ja, sogar die Tradition der großen Franziskanertheologen war in unseren Ordensprofessoren lebendig und inspirierte einen kritischen

---

[1] Das Buch ist später neu aufgelegt worden unter dem Titel: *M. Raymond OCSO*, Vom Cowboy zum Trappisten. Ein Mensch wird fertig mit Gott, Würzburg o.J. Das Zitat ist aus dem letzten Kapitel.

Geist: vor allem des Johannes Duns Scotus (ca. 1266–1308) und des Wilhelm Ockham, der im Münchner Kloster 1347 gestorben ist, wegen seines unkonventionellen Denkens vom Papst verfemt und von Ludwig dem Bayern gegen Rom (bzw. damals Avignon) in Schutz genommen.

Die neue Welt des großen Münchner Konvents und des Studiums nahm mich im ersten Jahr ganz in Beschlag. Aber dann regte sich immer stärker wieder meine »mönchische« Berufung, und das Vorbild des Bruders Joachim beschäftigte mich lebhaft.

Zu der Zeit, 1965, setzte vehement jener Umbruch ein, den das Zweite Vatikanische Konzil zu kanalisieren versuchte. Wir jungen Franziskaner empfanden unsere Lebensart als zu etabliert, zu verbürgerlicht. Die »Kleinen Brüder Jesu« des Charles de Foucauld, die in kleinen Gruppen in den Armenvierteln überall auf der Welt lebten und in Fabriken arbeiteten, schienen in unseren Augen das Erbe des Franziskus viel besser fortzuführen als wir. Außerdem gab es eine starke Fraktion, die die »Entmonastifizierung« des Ordens verlangte, das heißt die Abschaffung aller Anpassungen an die benediktinischen Mönchsorden, die im Lauf der letzten Jahrhunderte erfolgt waren – große Ordenshäuser, Klausur, strenge Tagesordnung, Habit, Chorgebet usw. Das allerdings bedauerte ich, der ich die Sonntagsvespern und Hochämter des Konvents in Gregorianischem Choral unter der Leitung des Pater Engelbert ganz besonders genoß – als kleinen Schimmer aus gerade jener Welt der Abteien, nach der ich mich sehnte. Das Trappistenkloster bot in meinen Augen sowohl die Möglichkeit, extrem arm und einfach zu leben, als auch die Reichtümer der Liturgie in ihrer gesungenen Vollform auszukosten. Schließlich eröffnete ich mich meinem Magister. Er sagte spontan: »Bernardin, wenn du wirklich meinst, dort sei dein Platz, geh hin.« Ich nahm dieses überraschende Aufgehen der Tür als Zeichen von oben und schrieb sofort an den Abt von Mariawald. Der lud mich über Lichtmeß 1965 für einige Tage ein, und ich war von dem Kloster begeistert. Er legte mir ein Jahr Wartezeit auf; ich sollte mein Philosophicum in München abschließen. Das tat ich und reiste dann im Frühjahr 1966 in die Trappistenabtei Mariawald in der Eifel, um dort für immer zu bleiben.

Von den Franziskanern nahm ich die Liebe zur Armut mit. Bis heute beeindruckt es mich, daß im Neuen Testament die Psychologie des Habens und Besitzens ein vorherrschendes Thema ist. Wenn man auf Besitz und Viel-Haben-Wollen verzichtet, ist das ein sehr direkter Ausdruck des Sich-Öffnens für Gott. Offensichtlich besteht eine eigenartige und einzigartige Wechselbeziehung zwischen Armsein und Offensein für Gott.

BEGEISTERTER TRAPPIST

Die Abtei Mariawald, malerisch und abgelegen in der Eifel-Landschaft gelegen, bot 1966 den Eindruck, als sei sie in voller Blüte und Entfaltung begriffen. Gegen Ende des Zweiten Weltkriegs zum großen Teil zerstört, war sie jetzt wieder aufgebaut, die letzten Renovierungs- und Verschönerungsarbeiten waren im Gange, der Konvent hatte seine starken Verluste durch Krieg und Gefangenschaft dank zahlreicher Neueintritte wieder ausgeglichen, einige Jahre lang hatten sich jährlich bis zu zwanzig, dreißig Novizen gemeldet, von denen allerdings die wenigsten blieben; aber immerhin bestand die Gemeinschaft aus rund fünfzig Mann mit einem gesunden Durchschnittsalter. Man rechnete damit, daß derselbe explosionsartige Zuwachs ins Haus stehe, der seit zwanzig Jahren aus den USA berichtet wurde und dort zu ständigen Neugründungen führte. Mit dem Bau eines neuen großen Schlafsaals und eines weiteren Skriptoriums hatte man sich dafür gerüstet. Ein neuer Abt, der vor dem Krieg als Konvertit in ein spanisches Kloster eingetreten war und von dort den frischen Wind der Begeisterung für das spirituelle Erbe der Zisterzienser und das kontemplative Leben mitgebracht hatte, bemühte sich gerade um eine geistliche Erneuerung der Gemeinschaft und plante sogar eine Neugründung in einem anderen Teil Deutschlands. Er hatte einen jungen Novizenmeister eingesetzt, der für seine Ideale Feuer und Flamme war. Wir waren acht Novizen, die sich gegenseitig zu übertreffen versuchten im Einhalten der rigorosen Lebensregeln des Klosters, das noch bis in überraschend viele Details und Formalismen den Lebensstil der Zisterzienser des zwölften Jahrhunderts fortführte. Im Grunde war das ein Anachronismus, aber für uns stellte es jene radikale Alternative dar, die wir zum laschen, bequemen, oberflächlichen »Weltleben« voller Kompromisse suchten. Sicher spielte bei uns auch ein guter Schuß recht »weltlichen« und naiven Heroismus und Stolzes mit, uns etwas ganz Besonderes, uns physisch und seelisch bis über unsere Grenzen hinaus Anstrengendes abzufordern. Wir standen also jede Nacht um zwei Uhr auf, sangen pro Tag fünf, sechs Stunden

Gregorianischen Choral, geleitet von unserem Kantor Pater Conrad mit seiner unvergeßlich prägnanten Tenorstimme, fasteten, daß gelegentlich bei der Waldarbeit der eine oder andere umfiel, hielten unser Stillschweigen, das nur einmal im Jahr eine Unterhaltung erlaubte, und stürmten zweimal täglich wie eine Rugbymannschaft zur handfesten Arbeit in die Wälder, Felder und Ställe.

Es gab keine Einzelzellen, sondern nur gemeinsame Lese-, Aufenthalts- und Schlafsäle, die im Winter kaum geheizt waren, und unter uns Jungen mit den kahlgeschorenen Schädeln, die aus dicken Wollkutten herausschauten, herrschten ein wortloser Zusammenhalt und eine Stimmung, die etwas von der Atmosphäre in Kibbuz, Arbeitslager, Forschungscamp und Wachstube kurz vor Kriegsausbruch an sich hatte. Ich fühlte mich darin überglücklich, wähnte mich angekommen in einer heroisch-kompromißlosen Gemeinschaft und wurde selbst zum Rigoristen im Umgang mit mir und anderen.

In einer solchen Umgebung war der Gedanke an Ehe und Partnerschaft natürlich überhaupt nicht am Horizont. Ist man von der Wirklichkeit Gottes erschüttert und fasziniert, legt sich spontan das nahe, was der Dichter Wordsworth bezeichnet hat als

the rash oath of virginity
which is first love's first cry –
der überstürzte Eid zur Jungfrauschaft
als erster Schrei der ersten Liebe.

Da ist neben der Begeisterung für das Du Gottes und die neue Lebensform einfach kein Platz für ein menschliches Du. Gott – oder jedenfalls die Begeisterung für ihn – füllt alles aus. Man ist voll damit beschäftigt, ihn kennenzulernen, die Spielregeln seiner Liebe zu lernen, ihm näherzukommen.

Damals, mit fünfundzwanzig Jahren, hätte ich gar nicht verstanden, wie man allen Ernstes Zweifel am Ideal des Zölibats haben kann. Heute, mit fünfzig Jahren, habe ich nach wie vor Sympathie und Verständnis für mich, den Fünfundzwanzigjährigen mit dieser Begeisterung und Radikalität. Ich denke, wer sie nie erlebt und gelebt hat, dem fehlt geradezu etwas, denn im Alltag einer Ehe und Familie, im bürgerlichen Berufs-, Gesellschafts- und Freizeitleben ist jene Beschränkung auf ein einziges Du und auf wesentliche Dinge, die zum Ergründen verborgener Tiefen unerläßlich ist, nur sehr schwer, wenn nicht weithin unmöglich. Unsere westliche Zivilisation setzt uns nicht nur pausenlos einer unkontrollierbaren Flut von Reizen aus, sondern sie macht es notwendig, daß wir ständig zahlreiche Beziehungen und Dinge auf einmal im Blick behalten, verarbeiten, konsumieren, berücksichtigen. Das läuft jeglicher spiritueller und meditativer Tradition zuwider, die einhellig verlangt, sich auf ein Einziges, Wesentliches zu beschränken und nach *Qualität* zu suchen, statt sich in der *Quantität* zu verlieren. Es mag Charaktere geben, denen das mitten in der Welt gelingt, Lebenswege, die die gleiche Frucht finden. Aber sie sind eher die Ausnahme.

FRAGEN

Allerdings denke ich heute, es ist ein Unrecht, den Menschen auf die Lebensform des ausschließlich auf Gott Ausgerichteten lebenslänglich zu fixieren. Ich

habe sie als wichtige Entwicklungs- und Wachs-
tumsphase erlebt, in der ich glücklich war und die ich
nicht missen möchte. Aber wo man Phasen zu Dauer-
zuständen zementiert, würgt man das Leben ab. In den
28 Jahren meiner Zugehörigkeit zum klösterlichen und
klerikalen Milieu habe ich hautnah und aus eigener
Anschauung erlebt, wie viele Menschen, junge Männer und Frauen, die zweifellos in ihrem Kloster oder
im Priesteramt mit Begeisterung und Idealismus angefangen haben, nach einigen Jahrzehnten welken und
resignieren oder mit starrer Willensanstrengung durchhalten oder sich irgendwie verlogen arrangieren oder
sich mit Überaktivität betäuben. Unvergeßlich hat sich
mir ein Gespräch vor vielen Jahren mit dem Prior
einer Kartause eingeprägt. Er sagte, eine seiner größten Fragen sei, weshalb so viele seiner Mitbrüder geradezu stumpfsinnig würden. Ich halte bis heute das
streng kontemplative Mönchsleben für sinnvoll und
fruchtbar. Aber von einem bestimmten Punkt der individuellen Entwicklung ab wirkt es eher einengend und
schädigend als befreiend.

Nach ungefähr fünfzehn Jahren im Trappistenkloster
und nach gründlichem Studium der monastischen
Tradition beschäftigte mich lebhaft die Erkenntnis,
daß das Mönchsleben in seiner Frühzeit im 4. bis
6. Jahrhundert offensichtlich nicht als so statische Einrichtung gelebt worden war wie bei uns seit dem Mittelalter. Nein, es war offen für einen dynamischen
Prozeß durch zahlreiche Entwicklungsstufen und Lebensformen hindurch, auch wenn das normalerweise
im Rahmen des zölibatären Mönchsdaseins blieb. Damals schrieb ich:

»In der abendländischen Tradition ist seit dem Mittelalter der Sinn für die vielfältigen Phasen einer mönchischen Existenz ziemlich verlorengegangen: die bewegte Kurve der Linie eines Mönchslebens mit ihren alternierenden Ausschlägen in Richtung Einsamkeit und in Richtung Engagement in der Welt wurde sozusagen auf ihren arithmetischen Mittelwert eingependelt, und es wurde eine Art ›Normalform‹ mönchischen Daseins eingerichtet, in der ständig und unabänderlich tagtäglich für jedes Element ein angemessener Raum – nicht zu wenig und nicht zu viel – vorgesehen war: ein Stück Alleinsein, ein Stück Gemeinschaft, ein Stück Arbeit, ein Stück Muße. Jeder Tag bot nun alles, Extreme wurden vermieden – um den Preis, daß der einzelne sein ganzes Leben lang auf den Lebensstil eines eifrigen Novizen festgelegt wurde, und daß der ›kontemplative‹ Charakter einer Gemeinschaft danach bemessen wurde, wie gut sie ihre Mitglieder in der Klausur unter Verschluß hielt und wie intensiv ihre Tages- und Gebetsordnung war. Machte sich im Leben eines Mönchs (ein) Reifungs- und Entwicklungsprozeß bemerkbar (der nicht rein innerlicher Natur blieb), so konnte er in größte Schwierigkeiten geraten: In seinen eigenen Augen und in denjenigen seiner Umgebung sah das wie eine ›Krise‹ aus, er lief Gefahr, kein ›richtiger‹, ›normaler‹ Mönch mehr zu bleiben.«[2]

Heute möchte ich daran anfügen, daß es wohl um die grundsätzliche Frage geht, welche Aufgabe wir dem Glauben und der Religion in unserem Leben zuteilen. Ist Glaube ein Mittel, unsere Grenzen und Mängel nicht zu spüren, zu verschleiern und erträglich werden zu lassen als »Kreuz«, das es zu tragen gilt?

[2] 1981; veröffentlicht in: Bernhard von Clairvaux, Gotteserfahrung und Weg in die Welt, Olten 1982, 20.

Soll der Glaube uns auf bestimmte Rollen, Gewohnheiten und Erfahrungsmuster festlegen, die uns Sinn und Sicherheit vermitteln? Oder sehen wir Glauben als Berufung und Entscheidung, einen oft schmerzhaften Weg der Selbsterkenntnis zu gehen, mit der Bereitschaft, uns im Vertrauen auf Gott angstlos auf den Weg unserer ganz persönlichen Entwicklung und Entfaltung zu begeben; uns führen zu lassen in neue Räume des Bewußtseins, der Wahrnehmung von Wirklichkeit und des Engagements, auf die wir von selbst nie gekommen wären?

In der klassischen Zeit der Trappisten betrug infolge der rigorosen Askese und der Kälte der ungeheizten Räume die mittlere Lebenserwartung nach Klostereintritt sieben bis zehn Jahre. Die wenigen Mönche und Nonnen, um deren Verehrung als »Selige« oder »Heilige« sich einige Kreise im Orden bemühen, sind bezeichnenderweise alle kaum dreißig Jahre alt geworden, also »rechtzeitig« gestorben; es gibt keinen einzigen alten oder uralten Trappisten, der als Modell der Heiligkeit gilt. Unter diesen Umständen stellte sich natürlich die Frage nach Entwicklungsphasen der einzelnen Mönche kaum; sie lebten dafür gar nicht lange genug. Außerdem traten – namentlich in der Frühzeit der Reform von La Trappe im 17./18. Jahrhundert – viele »fertige« Persönlichkeiten ins Kloster ein: Angehörige anderer Orden, Weltpriester, Laien, Witwer, die schon vierzig, fünfzig Jahre alt waren, wichtige Entwicklungsphasen hinter sich hatten und auf vieles verzichten konnten, was Jüngere erst entdecken und entfalten müssen. Anders sieht das heute aus, wo vorwiegend Jüngere eintreten und die Kloster-Lebenserwartung fünfzig, ja siebzig Jahre betragen kann. Doch so lange halten keine zehn Prozent der Eintretenden durch; sie verlassen die Gemeinschaft früher oder später wieder, gelten als solche, die »nicht durchgehalten haben« und denken oft auch selbst von sich so – statt daß man anerkennt, daß sie einem normalen Entwicklungsgesetz gefolgt sind und vielleicht in den meisten Fällen eher das »Richtige« als das »Falsche« getan haben.

Bei den meisten tätigen und auch den benediktinischen Orden mag diese Problematik allerdings nicht derart sichtbar zu Tage treten. Ihre Lebensordnung beschränkt sie nicht so radikal auf die Frage nach sich selbst und ihrer Beziehung zu Gott. Ihre Mitglieder bekommen meist Aufgaben außer Haus zugewiesen. Das läßt entweder vielfältige Möglichkeiten zu, sich zu arrangieren oder auszuweichen, ohne formell auszutreten, oder es schafft die Möglichkeit, nur noch juristisch zum Ordensverband zu gehören und im übrigen in Ämtern, Arbeiten und Umständen aufzugehen, die solche Fragen verdrängen oder jedenfalls erträglich machen. Grundsätzlich jedoch werden meiner Auffassung nach sowohl im Ordens- wie im Weltpriesterstand die Menschen viel zu statisch auf bestimmte Rollen und Funktionen festgelegt, was allzuoft ihre seelische und menschliche Weiterentwicklung eher blockiert als fördert.

Doch ich bin mit diesen Überlegungen, die wir später noch weiterführen müssen, meiner Erzählung vorausgeeilt.

Mein Abt vertraute mir schon bald lateinische Texte
der frühen Zisterzienser-Autoren zum Übersetzen an,
die er in den Dienst der spirituellen Erneuerung des
Hauses stellen wollte, und so schöpfte ich von Anfang
an aus diesen frischen Quellen der Tradition.

Der Trappisten-Alltag sieht täglich fünf Stunden
körperlicher Arbeit vor, was eine ungemein weise und
fruchtbare Einrichtung ist. Wirklich geistliche Er-
kenntnisse sind Geschenke der Gnade, die man sich
nicht gezielt durch Studium und Meditationsübungen
erwerben kann. Sie fallen einem meist dann überraschend zu, wenn man sie nicht direkt sucht und nicht
darauf gespannt ist. So waren unsere Zeiten der
schweigend verrichteten Arbeit geistlich wichtige und
fruchtbare Zeiten. Wir Novizen und einige Patres waren die täglich mobile Einsatztruppe, die jeweils von
den Vorstehern der einzelnen Arbeitsbereiche angefor-
dert wurde. Solche gab es in unserem autarken Klo-
ster-Dorf sehr viele: die Landwirtschaft, den Wald,
den Gemüsegarten, den Obstgarten, die Schmiede, die
Schreinerei, die Käserei, die Elektrowerkstatt, den
Bautrupp, die Anstreicherei, die Bäckerei, die Schnei-
derei, die Wäscherei, die Küche, das »Laboratorium«
(= »Arbeitshaus« für die Gemüseverarbeitung: zent-
nerweise Kartoffeln schälen, Bohnen abziehen,
Zwetschgen einmachen, Salat putzen . . .), das Likör-
Abfüllen und -Verpacken, den Hausputz . . . Im Lauf
der Zeit kam man überall herum, und so erwarb man
nebenher auf allen Gebieten einige Kenntnis und Fer-
tigkeit. In meinem zweiten Noviziatsjahr wurde mir
die Klostermühle anvertraut, ein mehrstöckiges Ge-

bäude, in dem ich selbständig Getreide einlagerte,
trocknete und zu Viehfutter verarbeitete.

Das waren Jahre, in denen ich glücklich war und
dieses Glück in vollen Zügen genoß. Ich fing es gelegentlich in kleinen Skizzen ein, wie etwa den folgenden:

Tauferneuerung
und Terz am Sonntagmorgen
Als einer der Jüngsten darf man am Sonntag in den
Querstallen stehen.
Ich stehe auf der Priorseite ganz oben.
Es ist Sonntagsstimmung.
Die Sonne scheint,
die Fenster der Apsis sind blau wie der Himmel.
Einer nach dem andern kommen die Mitbrüder her-
ein und füllen die Reihen.
Br. Albericus rumort mit dem großen Buch herum.
Br. Jordan macht seine zackige Verbeugung und
legt eine Hostie ein.
Sonntag.
Das ist eine der schönsten Stunden im Chor:
die Stallen sind fast ganz voll,
der Kreis der Brüder ist geschlossen.
Zwei Reihen weißer Gestalten,
eine acies ordinata (»geordnete Schlachtreihe«),
für deren Formierung allerdings immer einige Um-
ständlichkeiten notwendig sind.
Da steht einer zu weit vorn,
dort ist ein Loch.
Hinabrücken, Aufrücken, Hin und Her.
Br. Joachim zieht am Strang der kleinen Glocke,
sie tönt hell und scharf,
der Strick schwingt bis hoch hinauf ins Gewölbe.

Das Klopfzeichen – Ave Maria . . .
Tauferneuerung:
wir ziehen bedächtig singend –
das Asperges ist wie ein sanfter Strom, der uns
trägt –,
und es ist ein merkwürdig glückliches Gefühl,
solcherart singend in der Prozession zu schreiten,
schwerelos leicht,
unsere faltigen Gewänder wie Flügel.
Auf einer mittelalterlichen Miniatur zieht so die
Prozession der Heiligen in einer seligen Spirale von
der Erde zum Himmel.
Dann beginnt die Terz.
Nunc Sancte nobis Spiritus:
der Geist möge uns immer mehr erfassen und uns
diese Schwerelosigkeit schenken, die aus der Liebe
stammt:
Flammescat igne caritas,
Accendat ardor proximos
(Die Liebe brenne feuerhell
Und stecke alle Brüder an).
Und jetzt taucht die Sonne die ganze Reihe auf der
Priorseite in verklärendes, strahlendes Licht
und läßt das weiche Gelb der langen Front faltiger
Gewänder warm aufleuchten.

Im Skriptorium
Seit einer Stunde sitzen wir zu sechst im Skriptorium.
Es herrscht jene dichte Stille, die zum Gebet drängt,
zum Sprechen mit Gott.
Schweigen ist nichts Negatives,
sondern es ist schöpferisch,
es schafft Spannung und eine dichte Atmosphäre.

Es ist etwas anderes, ob man allein in einem großen, stillen Raum sitzt, oder zu sechst.
Das Schweigen, Lesen, Betrachten und Beten von fünf Menschen neben mir ist wie die Luft oder das Meer ein Element, das trägt und erhebt.
Ich höre das Ticken der Uhr
und das Summen einer Fliege am Fenster.
Plötzlich der Lärm eines Düsenjägers.
Was ist sein Ziel?
Er fliegt mit Überschallgeschwindigkeit ich weiß nicht wohin.
Wir sitzen derweil fast regungslos hier und lesen
und beten
und suchen unseren geistlichen Weg.
Jeder trägt in seinem Schweigen das Geheimnis, von Gott angerufen zu sein,
jeder sehnt sich auf seine Weise nach ihm.
Ihr Lesen und Beten erfüllt den Raum,
und ich kann gar nicht anders,
als hier zu sein und das gleiche zu tun.
Manchmal, wenn eine solche Dichte im Raum ist,
und ich eigentlich in die Kirche gehen möchte,
hält mich dieses Schweigen meiner Brüder wie eine unsichtbare Hand zurück,
und ich sitze da und atme ihre Stille
und ahne die Nähe.

Arbeitspause
Blaudunstiger Himmel,
von der Hitze flimmernde Luft.
Der süßherbe Geruch des Heus,
das Tuckern der Motoren,
das Stampfen der Heupresse.

Hitze
und Schweiß, der in die Augen rinnt,
die Brille verklebt.
Und die Fliegen,
die lästigen Fliegen!
Ich möchte, statt im eigenen Schweiß zu baden,
schwimmen in den kühlen, blaugrünen, köstlichen
Wogen des Meeres,
mich treiben lassen wie ein wippendes, schwere-
loses Stück Treibholz,
statt mich zäh und schwerfällig mit der Gabel über
die Wiese zu arbeiten.
Schweiß und Müdigkeit.
Aber plötzlich bist Du da,
Du Großer,
immer Naher,
bist da,
und ich schwimme in einem herrlichen Meer,
einem viel kühleren und köstlicheren,
als es ein irdisches sein könnte.
Du bist da,
und damit das Glück.
In labore requies, *in* aestu temperies . . .
(*In* der Mühsal Erquickung, *in* der Hitze Kühle . . .)
In der »Welt draußen«, die so fern schien, ging derweil das Konzil zu Ende, wogte die 68er-Bewegung.
Das zog an uns nicht spurlos vorüber, obwohl wir
weder Zeitungen noch Rundfunk oder gar Fernsehen
kannten. 1967 starb jäh mein Abt, den ich als Vater-
Figur verehrt hatte, durch einen Verkehrsunfall auf
dem Weg zur Äbteversammlung in Cîteaux. Seinen
Nachfolger empfand ich als tieffrommen, aber hilflosen Mann in der Zeit des Umbruchs, die nun einsetzte.

Die Äbteversammlung schickte – zur Verwirrung von uns naiv glücklichen Novizen und der meisten altgedienten Mitbrüder, die ihre Lebensart eingeschliffen hatten – Fragebögen ins Haus: um welche Werte es uns überhaupt in unserem Leben gehe, was alles geändert werden müsse. »Aggiornamento« wurde verordnet und war offensichtlich auch dringend angesagt. Ich selbst hatte noch wenig Sinn dafür, weil ich zu sehr die neue Umgebung genoß und mit mir selbst und meinen inneren Erfahrungen beschäftigt war. Keiner wußte, wie eine Erneuerung anzupacken wäre, am wenigsten der Abt. Ein Leben lang waren alle auf Gehorsam und Regelerfüllung gedrillt worden, etwas anderes zu denken als das von oben Befohlene, galt als Hochmut, Untugend und Versuchung; Kommunikation untereinander war reduziert auf nonverbale Freundlichkeiten oder wortloses tugendhaftes Dulden, was – wie ich später bei mir und anderen entdeckte – viele Aggressionen kaschierte und nur notdürftig verdrängte. Die sprachliche Isolierung unseres Hauses vom Gesamtorden – 90 Männerklöster mit damals 4500 Mönchen vorwiegend in den englisch- und französischsprachigen Ländern –, in dem schon viel diskutiert und publiziert worden war, was uns nicht erreicht hatte, wirkte sich verhängnisvoll aus.

STUDIUM UND NEUE PERSPEKTIVEN

Zu den verordneten Neuerungen gehörte, daß der Bildungsstand im Orden gehoben werden sollte. Das Theologiestudium sollte nicht mehr lediglich aus einer Art besserer Katechismus-Unterweisung durch Mitbrüder im Haus bestehen, die gelegentlich einige theologische Bücher gelesen hatten. Nein, jetzt sollte qualifiziert studiert werden, an Universitäten oder in Ordens-Studienhäusern. So wurde ich 1968, nach Ablauf meiner zwei Noviziatsjahre, in eine französische Abtei geschickt. Dort hatte ein Dutzend Abteien ein Studienzentrum für ihre jungen Mönchsstudenten eingerichtet. Der Tageslauf blieb der gleiche wie daheim, täglich von 2 bis 19 Uhr mit allen Chorgebets-Zeiten, aber vormittags hatten wir »Vorlesungen«, und nachmittags waren nur zwei Stunden praktische Arbeit angesetzt. Ich war als Gehilfe des Gärtners oder als Verpacker von Eiern in der Hühnerfarm eingeteilt.

Das Studium brachte erstmals das Gespräch mit anderen Mönchen als dem eigenen Novizenmeister mit sich, Diskussionen mit jungen Mitbrüdern aus vielen anderen Klöstern rissen neue Perspektiven, Ansichten, Fragen auf. Anderswo dachte und praktizierte man etliches anders als im eigenen Kloster. Das regte natürlich zu Vergleichen, zu Kritik, zu Vorschlägen an – was alles daheim reichlich ungewohnt und unerwünscht war, in diesem geschlossenen System, das das Kloster bislang gewesen war.

Noch »schlimmer« wurde diese Situation, als ein Jahr später weitere Mariawalder Novizen zum Studium außer Haus geschickt wurden. Sie konnten kein Französisch, und so wurden wir gemeinsam auf die Benediktiner-Universität nach Salzburg verlegt. Wir lernten dort viele junge Mitbrüder aus den österreichischen Benediktiner-, Zisterzienser- und Augustinerchorherren-Stiften kennen, die merkwürdigerweise gar keine Mönche sein wollten (und das auch offen sagten), sondern nur das Noviziatsjahr in ihren Stiften in

Kauf nahmen, um dann für den Rest ihres Lebens auf Pfarreien außer Haus im Einsatz zu sein. Unter ihnen waren wir mit unseren eher engen, radikalen Vorstellungen Außenseiter. Das ging nur ein Jahr gut. Dann wurden wir ins Collegium Borromäum nach Freiburg/Breisgau und an die Freiburger Universität geschickt. Dort hat eine ganze Generation junger Mariawalder Mönche ihr Theologiestudium absolviert. Für die Priesteramtskandidaten, mit denen wir gemeinsam lebten und studierten, und für uns war klar, daß wir unterschiedliche Berufungen hatten, und das störte uns nicht, sondern bereicherte unser Miteinander. Allerdings wurden die Freiburger Studenten der Abtei Mariawald für das Kloster zur »verlorenen Generation«. Keiner konnte sich nach dem Studium mehr endgültig in den Alltag der Abtei integrieren, keiner wurde mehr integriert; alle sind später andere Wege gegangen. Aus der Sicht der »Dagebliebenen« haben die moderne Theologie und ihr Leben in der »Welt« sie »versaut« und ihre Berufung gekostet; aus ihrer Sicht hat der Konvent sich gegen alles gesperrt, was sie an neuen Impulsen heimbringen wollten, und sie schließlich als Fremdkörper abgestoßen.

EINSAMKEIT UND PERSONALE LIEBE

Daß die Neueintretenden sich immer schwerer taten mit einer Lebensordnung, die noch stramm und konsequent mittelalterlich war, war indes auch ohne das »Problem Studium« offensichtlich gewesen. Ich hatte es in meiner Noviziatszeit nur noch nicht wahrhaben wollen. Denn schon damals hatte mich am schlimmsten belastet, daß unser Noviziat zwar immer recht ansehnlich bevölkert war, aber von stets kurzfristig wechselnden Novizen. Ich denke, in diesen zwei Jahren habe ich dreißig oder vierzig neue Mitbrüder kommen und gehen sehen.

Wenn man schweigend rund um die Uhr in gleichen Räumen zusammen ist, wenn jegliche ausdrückliche Emotionalität unterbunden ist, entsteht unter jungen Menschen eine starke nonverbale affektive Beziehung, man hängt aneinander und »liebt« einander auf eine ganz eigentümlich intensive Weise. Auch wenn – oder weil – man nie miteinander spricht, entwickelt sich eine ungemein wache Sensibilität für die leiseste Regung und Reaktion des anderen, und man kennt einander nach einigen Wochen unglaublich gut.

Als da alle paar Wochen ein Neuer mitten in mein Leben trat und ausnahmslos alles mit mir teilte (zumal wir Novizen als geschlossene Gruppe abseits des großen Konvents gehalten wurden, mit eigenem Lesesaal und Schlafsaal; und auch bei der Arbeit waren wir meist unter uns), stellte ich mich emotional, affektiv immer darauf ein, daß dieser Mensch nun ein Leben lang mit mir leben werde. Ich hatte damals das lebhafte Bedürfnis nach solcher affektiver, treuer Nähe. Doch dreißig, vierzig Mal wurde diese Aufgeschlossenheit enttäuscht, verdorrte immer wieder wie eine Blüte nach einem Frühlingsfrost, wenn einer um den andern nach einigen Wochen oder Monaten plötzlich spurlos verschwunden war. Abschiede, Erklärungen gab es nicht; wer mit dem Novizenmeister besprochen hatte, daß er wieder austrete(n müsse), hatte ohne Abschied lautlos abzureisen, während wir beim Chorgebet waren.

Notiz am 21. März 1972:

»Gestern mittag vor der Sext gaukelte der erste Zitronenfalter über die Sträucher im Hof. Unser Postulant ging auf einem der Wege und las in einem Buch. In der Sext war er nicht mehr da. Beim Abendessen machte mir Bruder N. ein Zeichen, daß der Postulant heute weggegangen sei.

Ich werde mich wohl nie bessern: mir tut das wieder sehr weh. Fast die ganze vorige Woche habe ich mit ihm zusammen in der Mühle gearbeitet, und wir haben uns gut verstanden. Postulanten sind nicht irgendwelche Leute, sondern Brüder, die sich anschikken, die nächsten fünfzig Jahre Seite an Seite mit mir zu leben, in einem Raum, in einem Geist. So empfinde ich ihnen gegenüber.

Aber dann immer diese Abschiede, die so weh tun . . .«

Wie sollte man mit solchen Erfahrungen umgehen? Die Lösung der »alten Hasen« bestand offensichtlich darin, sich auf gar niemanden mehr innerlich einzustellen, sondern allen gegenüber gleichgültig zu sein und für sich allein seines Weges zu gehen. Das wurde ohnehin nahegelegt durch eine Tradition des Stillschweigens – ausdrücklich als »Opfer« und »Verzicht« verstanden –, die behauptete, der gute Trappist unterhalte sich ausschließlich mit Gott und habe keinerlei menschliches Kommunikationsbedürfnis; und wenn er unter diesem Verzicht leide, solle er das als solidarisches Leiden mit allen Einsamen und Verlassenen dieser Welt annehmen und bejahen. Das sei seine Berufung. Karl Rahner hat eine solche Gemeinschaftsform einmal als diejenige »kasernierter Eremiten« bezeichnet. Entweder man stellte sich darauf ein, oder man litt endlos weiter. Ich wage zu behaupten, daß in erster Linie an dieser Nicht-Kommunikation Welle um Welle der Neueintretenden zerschellt ist. Alle anderen Belastungen, zumal die physischen Strengheiten (knapper Schlaf, spürbarer Eiweißmangel in der streng vegetarischen Nahrung, schwere Arbeit) wären zu bewältigen gewesen.

Eine Begebenheit, die sich viel später ereignete, hat mich in der Hinsicht sehr nachdenklich gemacht. Unser neunzigjähriger Senior mußte dringend zu einer Operation ins Krankenhaus. Er hatte fast siebzig Jahre im Kloster recht zurückgezogen und menschenscheu gelebt, und wir hatten ihn alle fraglos in der Rolle eines Sonderlings gesehen und gelassen, der keinerlei Ansprache will. Konnten wir ihm jetzt überhaupt zumuten, ihn noch in die ihm völlig fremde Welt des Krankenhauses und der vielen Menschen dort zu verpflanzen? Da es eine Frage auf Leben und Tod war, wagten wir es. Nach drei Wochen wollte er nicht mehr vom Krankenhaus heim und sagte: es sei hier so schön, weil immer wieder jemand hereinkomme, sich um ihn kümmere und sich mit ihm unterhalte . . .

Mit wem unterhielt man sich im Schweigekloster?

Eine Aufzeichnung vom 21. Juni 1974:

»Wir haben uns über ein Jahr gekannt, und wir sind gute Freunde geworden. Ich wage sogar zu sagen, wir haben uns geliebt. Still. Ohne Worte. Wenn ich kam, wußte ich: du bist da. Und ich war so gern bei dir. Du standest knapp anderthalb Meter vor meinem Gartenstuhl drunten im Wäldchen, genau vor meinem Blick. Und alles, was ich sah, das grüne Wipfelmeer und das Tal, sah ich durch dich hindurch. Und natürlich sah ich auch dich selbst.

O, ich kannte dich ganz genau! Verfolgte, wie im Herbst deine Blätter sich färbten, Tag für Tag ein neuer Ton. Und einmal glitt vor meinen Augen bei einem sanften Windstoß schaukelnd eines zu Boden, genau vor meine Füße, wie ein schüchterner Liebesbrief.

Dann wurdest du ganz kahl, zogst dein Leben zurück in die Wurzel im Erdreich und warst nur noch ein dürrer Stiel. Auch ich verzog mich ins Haus und besuchte dich kaum mehr, denn die Welt war kalt.

Aber im Frühling, als es wärmer wurde, da schwollen deine Knospen – was für ein atemberaubendes Wunder, dieses drängende Leben! –, und ich weiß noch, es war ein Sonntag, und ein Specht trommelte Stakkato, da waren sie geplatzt, und die zartgrünen Fingerchen deiner Blätter tasteten sich aus der welken Hülle ans Licht. Tag für Tag entfalteten sie sich mehr, und Ende Mai standest du stolz da in deiner ganzen Pracht, und der Wind spielte in den weiten Schirmen deiner siebenfingrigen Blätter.

Und wie du gewachsen bist! Fast zwanzig Zentimeter bist du dieses Jahr größer geworden. Und nächstes Jahr wärest du mir über den Kopf gewachsen.

– Ja, wärest –

Denn als ich heute zu dir kam, sah ich das Furchtbare: Nur ein Strunk ist übrig von dir, kaum einen halben Meter hoch, und du reckst den zerfransten Stummel wie einen klagenden Finger zum Himmel.

Ein anderer hat sich auf den Stuhl gesetzt, und du warst ihm im Weg.

Ich fand den Rest von dir, den Stiel und die welken Blätter, zwei Meter daneben im alten Laub.

Du warst ihm im Weg.

Ich kann es nicht glauben.

Ich komme heute schon zum fünften Mal hierher, um zu sehen, ob es wirklich wahr ist.«

(»Nachruf auf einen Kastanienschößling«)

Die Frage, wie man ohne personale Liebe auf Dauer in der Einsamkeit leben könne, ohne Liebe, die mehr ist als liebenswürdige, gehorsame, jederzeit verfügbare »Nächstenliebe« im Schoß des Kollektivs (»Lieber Bruder, hab dich gern, aber leider bloß im Herrn . . .«), beschäftigte mich schon früh. Ich spürte, daß mich die beschriebenen Enttäuschungen in eine »einsiedlerische« Einstellung drängten, die im Grunde von Resignation und vom Vorsatz inspiriert war, mich gegen weitere Verletzungen abzukapseln. Im Januar 1970 machte ich mir schriftlich Gedanken darüber und schrieb u.a.:

»In zunehmendem Maß bringen die heutigen jungen Menschen bei ihrem Eintritt ins Kloster bereits eine Erfahrung der Einsamkeit mit, die in unserer modernen Gesellschaft immer allgemeiner und bedrängender wird. Es ist die Einsamkeit des Menschen in einer technisierten, funktionalisierten Welt, in der es dem einzelnen Menschen immer schwerer wird, sein Personsein zu wahren und tiefe menschliche Beziehungen zu unterhalten. Der Übergang vom Sächlichen, Apersonalen des Funktionierens, Intellektualisierens und Reagierens zum Personalen, vom Es zum Du, gleicht dem Aufbrechen eines dicken Panzers, das immer schwieriger zu werden droht. Viele Menschen führt diese schmerzliche Erfahrung in die tiefste Verzweiflung, und oft sogar bis zum Selbstmord.

Die Frage ist nun: In welchem Verhältnis steht die traditionelle monastische Einsamkeit zu dieser Einsamkeit, die der moderne Mensch erfährt? Und ist sie so beschaffen, daß sie ihn aus seiner Not und Verzweiflung herausführen, daß sie ihm *Gott* erschließen kann?

Beobachten wir, wie der geistliche Werdegang eines solchen Menschen aussehen könnte, der mit dieser Einsamkeitserfahrung in eines unserer Klöster eintritt!

Er wird in eine Gemeinschaft von Mitbrüdern aufgenommen, in der gewöhnlich Schweigen herrscht. Seine Beziehungen beschränken sich in den ersten Wochen und Monaten fast ausschließlich auf gelegentliche Gespräche mit dem Novizenmeister, dem Abt und vielleicht sonst einem Vorgesetzten, und es sind gewöhnlich Beziehungen sachlicher, informativer Art. Seine Mitbrüder umgeben ihn mit höflicher Freundlichkeit, aber zu einem wirklichen Gespräch kommt es mit keinem. Diese neue Welt ist zunächst recht faszinierend. Das Erlebnis guter Kameradschaft bei der Arbeit kann ihn stark beeindrucken, die Liturgie und die Riten und Gebräuche haben den Reiz des Neuen und Interessanten. Er entdeckt seine eigene innere Welt, und so ist seine Einsamkeit durchaus erträglich, und sein Gebet kann recht beflügelt sein.

Allmählich aber wird all dies zum Alltag. Der Reiz des Neuen verflüchtigt sich, das Erlebnis der brüderlichen Gemeinschaft wird schwächer und stützt sich mehr und mehr auf den Glauben an die übernatürliche, nicht direkt erlebbare Liebe, die ihn mit seinen Mitbrüdern verbindet. Früher oder später spürt er, daß er aus seiner Einsamkeit, die er schon ins Kloster mitgebracht hat, keinen Schritt hinausgekommen ist. Und auch Gott, den er in der Begeisterung des neuen Anfangs als näher gekommen empfand, rückt ihm anscheinend immer ferner. Die Vorstellungen, Bilder, Gebete und Ideen, die ihn früher zu vermitteln schienen, verblassen im Alltagsbetrieb immer mehr, helfen nicht mehr weiter, erscheinen ihm plötzlich leer, ja versperren ihm geradezu den Weg zu Gott. Gott ist allmählich für ihn nicht mehr anwesend.

Es kann sein, daß er an dieser Stelle sein Unternehmen als gescheitert abbricht und resigniert das Kloster verläßt. Es kann aber auch sein, daß ihn stärkere, wie man sagt, ›übernatürliche‹ Beweggründe halten. Vielleicht hat er sogar in der Anfangsbegeisterung irgendwelche Schriften über den mystischen Weg der Seele zu Gott gelesen und daraus etwas behalten über die ›dunkle Nacht der Seele‹, die ›Trockenheit‹, die Erfahrung der ›Dürre‹ und ›Wüste‹. Dann deutet er seinen geistlichen Zustand in diesem Sinn und spricht sich selbst Mut zu. Er hält aus, und die Gedanken der Sühne, des Opfers, der Selbstlosigkeit geben ihm Kraft. Sein religiöses Leben wird in zunehmendem Maß reine Verstandes- und vor allem Willenssache. Er beißt auf die Zähne und hält durch. Er liest und studiert viel über Gott. Er beschäftigt sich intensiv mit Theologie. Er versucht in immer neuen Anläufen und mit Hilfe der verschiedensten Betrachtungsbücher sein religiöses Leben zu aktivieren, aber ohne viel Erfolg. Er verlegt sich auf unbedingte Treue zu den Gebetszeiten der Gemeinschaft und legt sich womöglich noch zusätzliche Gebetszeiten auf. Aber wenn er sich offen Rechenschaft gibt, muß er sagen: Gott ist in seinem Leben nicht mehr anwesend. Es ist wie ein Wunder, daß er noch an ihn glauben kann, aber er ›existiert‹ nicht mehr, ist nicht mehr real, ist keine Wirklichkeit, sondern dünn – bloße Theorie, keine Wirksamkeit.

Bei vielen – und ihre Zahl ist wahrscheinlich weit größer – hält dieser Heroismus nicht durch. Sie kompensieren die innere Leere durch intellektuelle Arbeit (vielleicht durch Spezialisierung auf irgendein recht unfruchtbares Fachgebiet, auf alte Sprachen, Botanik oder sonst etwas); durch stumpfsinniges Dahinleben, in dem das Interesse an geistigen Dingen, an Büchern usw. immer mehr verkümmert (Mönche, die sämtliche Romane und Missionsblättchen von vorn bis hinten durchlesen, die sie im Kloster auftreiben können), oder durch hektische liturgische oder sonstige Betriebsamkeit. Es dürfte gar nicht so selten sein, daß Mönche dieser Gattung im Grunde genommen unmerklich den Glauben verlieren und ihre Religiosität nur noch als leere Hülse mit sich tragen.

Entsprechend sieht das Gemeinschaftsleben in einem solchen Kloster aus. Die brüderliche Liebe ist eine rein ›übernatürliche‹, eine reine Verstandes- und Willenssache, und einer immer noch nachwirkenden schiefen Aszetik verdanken wir es, daß jedes affektive, ›nur‹ natürliche Moment in der brüderlichen Liebe als suspekte Trübung der ›Übernatürlichkeit‹ (und damit Verdienstlichkeit) erscheint. Man kann zutiefst erschüttert sein, wenn man erlebt, mit welch unmenschlicher Gleichgültigkeit zuweilen eine Kommunität ein Mitglied entlassen kann, das fünf, zehn, zwanzig und noch mehr Jahre in seiner Mitte gelebt hat. So hausen Menschen jahrzehntelang Seite an Seite und lieben einander nur ›übernatürlich‹ und nicht personal; öffnen sich einander nicht, vertrauen einander nicht in der Tiefe; sind nervös und gereizt, verhärten sich in ihren subjektiven Positionen, sind nicht fähig zum echten Dialog und entfachen ständig Streitereien um die nichtigsten Dinge. All dies tragen sie dann wiederum in echt ›übernatürlicher‹ Haltung, fassen es als ›Kreuz‹ und ›Opfer‹ auf und bekennen es als Schuld vor Gott.

Diese Situation ist doch qualitativ dieselbe, wie wir sie heute überall in unserer entpersonalisierten Gesellschaft finden. Und auch hier kann die Isolierung bis zur Verzweiflung fortschreiten, die sich in Formen zum Ausdruck bringt, die eben dem klösterlichen Milieu angepaßt sind: Es entstehen rigorose Asketen und merkwürdige Käuze, Monaden, die es verlernt haben, sich auf ihre Mitmenschen einzulassen.

– Wo ist der Ausweg aus dieser Lage?

Den scheint mir der erste Johannesbrief aufzuzeigen: ›Wer seinen Bruder nicht liebt, den er gesehen hat, kann Gott nicht lieben, den er nicht gesehen hat‹ (1 Joh 5,20).

Mit dieser Bruderliebe ist offensichtlich nicht eine nur ›übernatürliche‹, also natürlich nicht verifizierbare Liebe gemeint, sondern zunächst eine wirklich spürbare, erlebbare menschliche Liebe. Und wer zu dieser Liebe nicht fähig ist, so sagt der erste Johannesbrief, der ist auch zur Gottesliebe nicht fähig.

Diese Aussage deckt sich tatsächlich mit der heutigen Wirklichkeit: In einer zunehmend entpersönlichten Welt werden Menschen einander fremder, und zugleich wird ihnen Gott fremder und unwirklicher.

Wenden wir unsere Aufmerksamkeit noch einmal dem Menschen zu, der sich dieser modernen Nacht der Gottesferne voll bewußt wird, und der wie vor einer undurchdringlichen Wand steht! Ist er beharrlich, so findet er den einzigen noch möglichen Ausweg, den Weg zurück ins eigene Innere. Und viele Menschen begeben sich heute auf diesen Weg. In philosophischer Sprache wäre dies das Verlassen und Absterben von allem Seienden, hin zur Berührung mit dem Sein selbst, der Weg vom Geschaffenen zum tragenden Grund. Aber gerade wenn er so weit hinabgefunden hat, wird seine Ausweglosigkeit erneut offenbar. Zunächst kann dies zur Folge haben, daß ihn dieser Urgrund anzieht als der bergende Mutterschoß, in den er zurückflieht, und der für ihn identisch wird mit dem erlösenden Nichts. Er wird in der Selbstauslöschung seine Erlösung suchen – und vielleicht sogar Selbstmord begehen.

Anders wäre es, wenn das Sein ein Du wäre, und wenn er fähig wäre, auf dieses Du einzugehen. Aber gerade dieser Sprung vom Sein zum Du ist ein undurchdringliches Geheimnis von Vorbereitung, Mut, Geschenk, Gnade und Freiheit. Denn ob einer sich einem Du öffnet, ist freie Entscheidung. Und hier nun wird die Tragik seiner Situation offenbar: Der Mensch in der Welt der Funktionen und Apparate, und der Mensch im Kloster, in dem er seine Brüder nur ›übernatürlich‹, sprich: unpersönlich geliebt hat, hat das Du-Sagen ja nie gelernt; das Du ist eine für ihn fremde Kategorie geblieben – und so kann dieser befreiende Sprung vom Sein zum Du nicht wahr werden. Der Mensch bleibt allein.

Der Übergang vom Sächlichen, Apersonalen zum Personalen, vom Es zum Du gleicht dem Aufbrechen eines Schutzpanzers, dem Aufgeben einer Selbstverteidigung, dem Sich-wehrlos-Machen. Dem jungen Menschen, sofern er ein echtes personales Liebeserlebnis hat, gelingt dieses Aufbrechen der Knospe zur Blüte fast instinktiv, wie in einer Verzauberung; aber dem, der personal nie gerufen wurde, und das scheint sich in unserer Welt zu häufen, ist die Aktuierung des Personalen eine schwere Aufgabe.

Hier nun müßte eine Neubesinnung in unseren Klöstern einsetzen. Zunächst einmal müßte der verbogene und irreführende Begriff der ›rein übernatürlichen‹ Liebe energisch revidiert werden. Gerade in unserem Orden dürfte das nicht allzu schwer sein, da das Zeugnis etwa des heiligen Bernhard und des heiligen Aelred überwältigend dafür spricht, daß die übernatürliche Liebe zum Mitbruder die warme, herzliche, menschliche Liebe nicht aus-, sondern einschließt. Aber welcher Obere würde es heute wagen – aus Furcht, eine unsachliche oder unwahre Entscheidung zu verursachen –, einem jungen Mitbruder zu zeigen oder gar zu sagen, daß er ihn – liebe? Doch ist nicht die Liebe das Eigentliche und im Grunde einzig Wahre? Und wäre ein solches Wort, von einer echten menschlichen Regung getragen, nicht oft das eigentlich wahre, notwendige und entscheidende, um einen Schwankenden zu festigen? Wäre es nicht viel fruchtbarer als vieles psychologische Grübeln und sachliche Erörtern?

Um aus seiner Einsamkeit heraus zum Bruder und zu Gott finden zu können, braucht der heutige Mensch immer mehr eine Hilfestellung; eine Hilfestellung für diesen ›Sprung zum Personalen‹, und zwar einen Mitmenschen, der nicht so sehr Deuter und Erklärer, als vielmehr *Ermöglicher* ist. Von seiner Weise dazusein müßte eine Wirkung ausgehen wie bei einer Osmose, oder wie bei der Erregung von Resonanz. Ohne Bilder gesprochen heißt das, sein personal aktuiertes Dasein, seine Duhaftigkeit müßte personale Rufkraft besitzen.

Intelligenzen können zusammenstoßen und einander zum Argumentieren aufreizen in gegenseitiger Eskalation; Willenskräfte können sich messen, Emotionen sich in alternierender Einwirkung steigern – aber auch die Personalität wirkt ein auf die schlafende, verschüttete, unreife, verängstigte Personalität des anderen: rufend, werbend, einladend.

Das ist der Punkt, so glaube ich, wo unser heutiges Mönchtum einsetzen muß, wenn es mit seiner Einsamkeit dem modernen einsamen Menschen mehr als den bloßen, allein mit Verstand und Willen hinzunehmenden Hinweis auf das Kreuz und den Aufruf zum duldenden Aushalten, wenn es ihm *Gott* bringen will. Wir Mönche müßten unseren Brüdern Helfer sein; durch unsere personal wache Gegenwärtigkeit müßten wir allen, die in unserer christlichen Einsamkeit Erlösung von ihrer Einsamkeit suchen, Zeugnis geben für die Duhaftigkeit des Seins, für die Personalität Gottes, die einem so konkret begegnen kann wie in der Person des Gottmenschen Jesus Christus.

Und der Mensch, der so das Du wiedergefunden hat, findet dann in der Einsamkeit des Klosters mehr als die ›dunkle Nacht‹, findet mehr als ein asketisches System, das seinen Willen ein Leben lang zur blinden Treue anfordert: Ihm gelingt der Sprung vom Sein zum Du, vom bloßen Wissen und Wollen um Gott zum lebendigen Austausch, und sein Leben kann ein Abenteuer mit dem lebendigen Gott werden.«[3]

Solche Gedanken über das ewige und zeitliche »Du« bewegten mich in einer Umgebung, in der es

---

[3] Zu diesem Aufsatz hatte mich ein Zeitschriftenartikel inspiriert: *Josef Goldbrunner,* Was ist »verzweifeln«?, in: Concilium 6 (1970) 632 636. Er enthält auch viele Formulierungen daraus.

schon problematisch war, daß wir Studenten, als wir zum ersten Mal in den Semesterferien heimkamen, uns angewöhnt hatten, zueinander »Du« zu sagen, wie das alle anderen Studenten selbstverständlich taten; denn im Kloster war es Vorschrift, sich, wenn man sich jemals anredete, mit »Sie« zu titulieren, auch nach dreißig, vierzig Jahren als »Mitbrüder«.

SPRUNG IN DIE PROFESS UND IN DIE PROBLEME DES KONVENTS

Als 1971 gerade wieder eine Welle von Austritten das Noviziat leerfegte, und als auch meine Mit-Studenten kleinmütig äußerten, sie seien noch nicht zu einer definitiven Entscheidung für das Trappistenleben fähig, fühlte ich mich gedrängt, jetzt »gerade mit Fleiß« mich diesem Kleinmut heroisch entgegenzuwerfen. Meine »Feierliche Profeß« (die endgültigen Gelübde auf Lebenszeit also) sollte erst nach Abschluß des Studiums anstehen. Ich bat meinen Abt, sie schon früher, in den kommenden Sommerferien, ablegen zu dürfen. Er war einverstanden, und ich empfing am 14. September 1971 die »Mönchsweihe«. Dieser Aspekt war mir sehr viel wichtiger als der Gedanke der »Gelübde«, und mich bewegte das glückliche Gefühl: Jetzt bist du endgültig Mönch, und keiner kann dir das mehr nehmen, selbst wenn unser ganzes Kloster eingeht.

Dieser überstürzte Wunsch, mich endgültig zu binden (den ich nicht bereue), hatte sicher auch damit zu tun, daß wir jungen Mönchs-Studenten in unserer Studienzeit nostalgisch an unserer »Heimat-Abtei« hingen. Wir liefen in unserem Habit mit einem guten Schuß Dünkel durch die Welt, das »eigentliche«, »richtige«, strenge Mönchtum gepachtet zu haben, und wir kehrten immer wieder gern heim. Manchen von uns bot das Kloster eine Art späten Ersatz von Familie und »Nest« für frühere Defizite in der eigenen Familie. Um so tragischer war dann, daheim zunehmend zu entdekken, daß im Konvent unter der Oberfläche gewaltige Spannungen und Fraktionskämpfe bebten, in die wir einbezogen wurden und die wir noch mit komplizierten.

In regelmäßigen Abständen kam nun im Auftrag der Ordensleitung ein holländischer Abt ins Haus. Er sollte Menschen, die jahrzehntelang kommunikationslos miteinander gelebt hatten und streng bestraft worden waren, wenn sie zur stummen Zeichensprache »Mundgeräusche« gemacht hatten, die Kunst des »Dialogs« beibringen. Alle diese Versuche führten jedoch immer wieder zu Eklats und Fällen demonstrativer Verweigerung – und andererseits bei manchen Mönchen zur Auffassung und Praxis: »Der Orden hat das Stillschweigen abgeschafft«.

Die Landwirtschaft des Klosters wurde in diesen Jahren zunehmend technisiert und rationalisiert, was zum Zerfall der gemeinschaftlichen Arbeit führte und viel Lärm und Hektik ins Kloster brachte.

Ich schloß mein Studium 1972 ab und blieb von da an wieder ganz im Haus. In unserem Orden hieß Theologie studieren nicht notwendig, Priester zu werden, weil wir ja keinerlei Seelsorge ausübten und nur wenige Priester für die Gottesdienste der Gemeinschaft oder die Betreuung unserer Schwesternklöster erforderlich waren. Mein Abt wünschte jedoch, daß ich die Priesterweihe empfing. Ich hatte kaum das Verlangen danach und vertrat den Standpunkt: Wenn man mich als Priester braucht, bin ich da; wenn man mich nicht braucht, ist es auch gut. Als »Laie« fühlte ich mich wohler. Am 24. August 1972 empfing ich die Priesterweihe, am Tag danach feierte ich in unserer Abteikirche die Primiz, und dann zog ich mich wieder auf meine »Laien«-Rolle zurück. Weder in der stillen Privat-Messe, wie sie einige unserer Patres an Winkelaltären täglich lasen, noch in der Konzelebration, wo sich unnötigerweise ein Dutzend oder mehr Priester um den Altar drängeln, um sich in ihrer Sonder-Rolle in der Gemeinde zu bestätigen und ein Meß-Stipendium zu verdienen, sah ich einen Sinn. So stand ich nur alle sieben, acht Wochen einmal eine Woche lang dem Konventamt vor, hielt pro Jahr zwei, drei Predigten und war zur Verfügung, wenn Mitbrüder oder Besucher beichten wollten. Wenn es sinnvoll oder notwendig gewesen wäre, hätte ich aber auch jederzeit an einem Tag drei Gottesdienste gehalten.

1972 wurde ich zunächst wieder der mobilen Arbeitstruppe zugeteilt, arbeitete in Wald und Feld und Kuhstall und wurde Spezialist für Haus- und Toilettenputz. 1973 wurde ich halbtags in die Buchhaltung gesteckt.

Das waren einige gute Jahre. Ich hatte mich innerlich einigermaßen vom Noviziat und seiner Problematik gelöst und versuchte, die fruchtbaren Seiten des »Einsiedlerseins in Gemeinschaft« zu verkosten. Die zwischen den Chorgebetszeiten und der Arbeit freien Stunden organisierte ich mir in einem straffen Rhythmus von Meditieren, Lesen und Studieren. Ich vertiefte mich in die 218 Folianten der lateinischen Kirchenväter von Migne, übertrug unsere Liturgie ins Deutsche, dichtete zahllose Hymnen für das Chorgebet und träumte höchstens noch davon, ganz Einsiedler zu werden. Mein Ideal sah ich damals in einem Leben der Bescheidung und Konzentration auf das Wesentliche: Ich übte mich darin ein, »unter den Augen des göttlichen Zuschauers bei mir selbst zu wohnen«, wie es in der Biographie vom Mönchsvater Benedikt heißt. Und es gibt eine Art, die für den Lebensunterhalt notwendige Arbeit im Geist der Sammlung und Gewärtigkeit zu verrichten, die jeglicher Arbeit, mag sie noch so einfach oder stupid sein, Inhalt und Sinn schenkt, ja sie zu einer Form der Meditation werden läßt. In der Tradition des Zen heißt es, seine Fortschritte in der Meditation könne man nicht beim Meditieren wahrnehmen, sondern an der Art, wie man den Boden fege. Man wird dann frei von der Fixierung auf Lieblings- und zu meidende Tätigkeiten und ist zu jeder Art Arbeit fähig. Mir schwebte eine geistlich-humanistische »Kultur der Muße« vor, die nicht viel Aufwand erfordert, aber das Leben bereichert und ausfüllt. Dies schien mir mein gelebter Beitrag zu den Fragen unserer zeitgenössischen Gesellschaft zu sein, die über immer mehr Freizeit verfügte und nicht wußte, was sie damit sinnvoll anfangen sollte – sowie meinte, in immer mehr Konsum Sinn und Erfüllung zu finden.

Prior und Novizenmeister

Ich hätte mir für diese Lebensphase eine sehr viel längere Zeit gewünscht, als sie mir beschieden war. Denn sie wurde sehr rasch und abrupt abgebrochen.

Seit mehreren Jahren hatte die Ordensleitung die Entwicklung bzw. Nicht-Entwicklung Mariawalds mit zunehmender Sorge verfolgt, und schließlich entschloß man sich zum Eingreifen. Da Äbte nur sehr schwer abzusetzen sind, mußte bei der Visitation durch den Generalabt aus Rom im Sommer 1974 der Kopf des Priors und Novizenmeisters rollen. Mich rief der Visitator kurz vor Abschluß der Visitation ins Zimmer und sagte mir, hiermit sei ich zum Prior und Novizenmeister ernannt. Das traf mich völlig unvorbereitet, aber meine stammelnden Einwände – immerhin war ich erst dreißig Jahre alt – halfen nichts. Der Generalabt gab dem Konvent unverzüglich diese Ernennung bekannt und reiste sofort ab.

Dieser gewaltsame Eingriff schuf auf Jahre Verbitterung in der Gemeinschaft, und für mich verursachte das von Anfang einen steifen Gegenwind, gegen den ich nie ganz ankam. Vor allem aber wurde ich aus meinem eben erst gefundenen Gleichgewicht und Lebensrhythmus verfrüht herausgerissen und mit einem verantwortungsvollen Doppelamt belastet, das auch unter günstigsten Umständen sehr viel Energie kostet.

Ich bin der Überzeugung, daß ich damals noch nicht für diese Verantwortung und Belastung reif war. Aus der Erfahrung, daß keiner fragte, was für *mich* richtig gewesen wäre, sondern daß ich einfach als Schachfigur für die Klosterpolitik verwendet wurde, haben sich in mir Groll und Mißtrauen gegen die kirchliche Obrigkeit und ihre Gehorsamsforderungen festgefressen. Denen geht es nie um *dich,* war mein Eindruck, sondern immer darum, daß der Betrieb läuft. Die suchen nicht sorgfältig mit dir zusammen nach dem Willen Gottes für dich, damit du geistlich wächst und reifst (was der Sinn des geistlichen Gehorsams wäre), sondern die benützen dich für ihre eigenen Vorstellungen und Ziele. Selbst bei jedem, der sich als »geistlicher Vater« gebärdete, konnte ich künftig nie ganz das Mißtrauen ablegen, der wolle mich jetzt wieder nach *seinen* Idealen modellieren, statt nach *meinem* Weg zu fragen. Und so bin ich zunehmend ein eigensinniger Einzelgänger geworden, habe alles Entscheidende bei mir selbst vor Gott erwogen und entschieden und bin dabei nicht schlecht gefahren.

Doch zurück zu meinen neuen Ämtern: Als Prior war ich der Stellvertreter des Abtes und für alle internen Belange des Klosters zuständig. In den bislang üblichen Rollenklischees gesprochen: Verkörpert der Abt den »Vater«, der den Kurs angibt, die Gemeinschaft führt und unterweist und sie nach außen repräsentiert, so ist der Prior eher die »Mutter«, Ansprechpartner der Mitbrüder in allen persönlichen und praktischen Nöten, oberster Arbeitsvorsteher, von dem erwartet wird, daß er auch selbst überall mit Hand anlegt; er ist zuständig für den geordneten Haushalt, die innere Organisation und die Sauberkeit des Klosters. Zudem war mir als Novizenmeister der Nachwuchs des Hauses anvertraut. Dazu gehörten die Öffentlichkeitsarbeit, die Korrespondenz mit allen Interessenten, die Beratung und Unterweisung der Eintretenden, der Unterricht und die geistliche Begleitung der Novizen. Jemanden ohne jegliche spezielle Vorbereitung und Ausbildung dafür in ein solches Amt zu stellen, halte ich heute für geradezu fahrlässig.

Infolge dieses Amtes war ich außerdem neben dem Abt und dem Gästepater der einzige im Kloster, der an der Tür zur »Welt« stand und dort immer wieder Fragen, Anregungen, Problemen und Konflikten ausgesetzt war, die an die anderen Mitbrüder nicht zu vermitteln waren. Notwendigerweise forderte mich das zu ständiger Auseinandersetzung mit Sinn und Zweck unseres Mönchsdaseins und unserer konkreten Lebenspraxis heraus.

Das alles mußte untergebracht werden im starren Schema eines Tagesablaufs, der jeden Tag durch sieben Gebetszeiten von zusammen fünf Stunden in knappe Zeit-Einheiten zerhackt war. Und da ausgerechnet der Novizenmeister den Novizen mit gutem Beispiel vorangehen und im Chor nie fehlen darf, wurde dieser Gebetsrhythmus, der als meditatives Durchweben des ganzen Tageslaufs mit Gebet gedacht ist, zum schrecklichen Streß. Ich lernte zwar, jede Minute sinnvoll und wirtschaftlich zu nutzen – gelegentlich befällt mich ein solches Bedürfnis noch heute fast zwanghaft –, aber mit einem kontemplativen Dasein, einem Leben in heiliger Muße, hatte das gar nichts mehr zu tun.

Zunächst einmal stürzte ich mich jedoch mit ganzer Energie in meine neuen Aufgaben. Es machte mir Freude, mich aller Mitbrüder, namentlich der Alten und Kranken, annehmen und mit ihnen sprechen zu können. Es war mir eine Herausforderung, den Novizen einen soliden Unterricht über Bibel, Gebet, Meditation und die Mönchstradition zu geben und mir das alles selbst neu und griffig zu erarbeiten. Meine fruchtbarsten Stunden dafür waren mir immer die von morgens vier bis sechs Uhr, zwischen den beiden Gebetszeiten der Vigilien und der Laudes, im »Großen Stillschweigen«.

Nach zwei Jahren klappte ich zusammen und wurde erstmals in meinem Leben in ein Krankenhaus gebracht. Mein Magen rebellierte, ich spuckte nur noch

54

Galle. Nach drei Wochen sollte ich entlassen werden, aber der Arzt riet dringend zu einer Erholungskur. Das war bei Trappisten nicht vorgesehen. Ich kam heim, bat um Befreiung von wenigstens einem meiner Ämter, wurde aber gleich wieder voll eingeschirrt. Sechs Wochen später klappte ich erneut zusammen. Da behielt mich der Arzt einfach neun Wochen im Krankenhaus. Eine solche Praxis war damals noch möglich, als der Arzt uns kostenlos behandelte und die katholischen Ordensschwestern »um Gotteslohn« ein separates Gratiszimmer für Ordensleute im Krankenhaus bereithielten. Ich genoß die Krankenhauswochen in vollen Zügen und fand, sie waren beschaulicher als mein Dasein im »beschaulichen« Kloster.

Dort hatte mich der Alltag jedoch rasch wieder. Am 11. August 1976, vierzehn Tage nach der Heimkehr, notierte ich:

»Ein beglückender Gedanke bewegt mich: Ich möchte mit keinem Menschen auf der Welt tauschen. So sehr ich mich bedrängt und eingezwängt fühle, so sehr meine Nerven am Vibrieren sind: Das ist *mein* einmaliges Leben, das hat tiefen Sinn, das läßt mich im Grunde glücklich sein. Es knirscht und reibt, es zermürbt mich: aber so muß es wohl sein. Hatte ich nicht bei meinem Eintritt den Vers vor Augen: ›Quarens me sedisti lassus?‹ Und ich hatte darum gebetet, es Jesus vergelten zu können, ihm nachfolgen zu dürfen. Nun sitze ich wirklich auch ›lassus‹ da, ausgepumpt, erschöpft von der Treue zu meinem Hier und Heute.«

Ein Jahr später mußte ich doch zur Erholung für einige Wochen in ein anderes Kloster geschickt werden, und im darauffolgenden Jahr erkämpfte ich mir schließlich die Erlaubnis, mich jede Woche einen vollen Tag in eine »Eremitage« zurückzuziehen, die ich mir in einem Schuppen auf dem Klostergelände hergerichtet hatte. Denn trotz immer neuer Anläufe, mein Los als Vielbeschäftigter gläubig als Gottes Willen hinzunehmen, rieb ich mich immer wieder daran wund und kämpfte mit Zweifeln, ob diese ganze Betriebsamkeit überhaupt noch einen Sinn habe. War es nicht Aufgabe des Mönchs, in einer hektischen Welt, die nie mehr zur Ruhe kommt, aus Verantwortung sinnvoll Zeit zu vergeuden, Muße zu haben für das »Eine Notwendige«, das Da-Sein vor Gott?

In dieser Zeit notierte ich:

»›Bleib in deiner Zelle, und die Zelle wird dich alles lehren‹, heißt es in einem Spruch der Wüstenväter.

Das ist das Schwerste: bei sich selber bleiben, sich selber erleben, sich selber aushalten. Wir bauen das heute als halb- oder ganzstündige ›Meditationsübung‹ in unseren Tagesplan ein. Das ist immerhin ein wenig davon. Aber es ist wenig, zu wenig. Unsere übrige Zeit füllen wir geflissentlich aus. Ich habe immer mehr den Eindruck, ein Zönobitenkloster sei geradezu daraufhin angelegt, systematisch die Gelegenheit zu vereiteln, einmal eine ›leere‹ Zeit zu haben. Da würde man buchstäblich auf dem Trockenen sitzen, regelrecht in der Wüste. Und davor haben wir einen Horror, den ›horror vacui‹, den Horror vor der leeren Zeit. Wir bevorzugen die gefüllte, die fromm, gut, sinnvoll, fruchtbar gefüllte Zeit. Und damit vermeiden wir systematisch die Konfrontation mit der Leere, mit unserer eigenen, ganz persönlichen, existentiellen Leere und Nichtigkeit.

Indes käme alles darauf an, uns ihr zu stellen. Gott findet man nur durch sein eigenes Nichts hindurch –

oder jedenfalls, man findet Gott in der ihm eigenen spezifischen Dichte nur so, durch sein eigenes Nichts, mag man ihn auch sonst auf vielfältige Weise und anders erahnen.

Ich entsinne mich der Sonn- und Feiertage aus den ersten Jahren meines Mönchslebens. Ich habe mir damals öfter das Nichtstun auferlegt und mich gezwungen, einfach *da* zu sein, habe mich selbst einfach von der Non bis zur Vesper in der Kirche oder sonstwo festgenagelt. Es waren harte Stunden. Ich bekam Kopfschmerzen, ich bin eingedöst, ich war stumpf und verwirrt und leer, unfähig, ein Gebet zu sprechen, unfähig, etwas zu denken, unfähig, im Innern ganz still zu werden. Ich habe an diesen Nachmittagen keine nennenswerten Empfindungen der Nähe zu Gott gehabt, oder das, was man sich unter kontemplativen Gebetserfahrungen gern vorstellt. Ich war am Abend ausgehöhlt und erschöpft. Und doch kommen mir diese Stunden wirklicher und echter vor, dichter und glaubhafter als die allermeisten Stunden des Chorgebets, der Lesung, des Nachdenkens. Ich habe darin stichhaltige Wirklichkeit erlebt, meine eigene Wirklichkeit. Ich habe nicht erlebt, daß *Gott* da war. Zugleich spüre ich einen großen inneren Widerstand, zu sagen, daß er *nicht* da war. Er scheint *irgendwie* dagewesen zu sein, ohne daß ich es wußte.

Aber jetzt fülle ich fast immer meine Zeit aus, muß sie ausfüllen, oder sie wird mir ausgefüllt. Die Wüste fehlt.

Wir würden wahrscheinlich reifer, wenn wir wieder ernsthaft in die Wüste gehen würden. Tage, Wochen einmal die Zeit nicht ausfüllen. Völlig auf dem Trockenen sitzen, bis wir entweder verrückt würden oder hinkend wie Jakob aus dem Kampf hervorgingen, aber gesegnet. Sonst bleibt unser Mönchsleben fade Theorie und Ideologie und Beschäftigungstherapie. Wir können hundert Mystiker und Mönchsväter exzerpieren und systematisieren – immer nur bewegen wir uns in der Welt anderer, schnappen Brosamen von ihrem Tisch, lesen so lange und so oft über bestimmte Erfahrungen, bis sie uns so geläufig sind, daß wir schließlich selbst gar nicht mehr glauben können, sie noch nicht gehabt zu haben.

Die Wüste fehlt: Das scheint mir der kritische Punkt unserer Erneuerung zu sein.

Die Wüste fehlt . . .

Mir fehlt die Wüste.

Oder taucht sie doch auf, wesentlicher, vielleicht sogar wirklichkeitsgerechter noch, als ich mir das wünsche?

Manchmal ahne ich (ich *erfahre* es nicht wirklich, dafür ist mein Alltag zu zerfahren, zu fragmentarisch), daß sich alles, was ich den ganzen Tag denke, tue, rede, sage, grüble, von mir selbst ablöst; daß mein ganzes vordergründiges Leben wie ein Rasenstück von einem unsichtbaren Spaten vom Grund abgehoben wird, und darunter kommt die nackte, reine Sandfläche des Nichts zum Vorschein. Es könnte sein, daß ich nur begreifen müßte, daß mein ganzes vordergründiges Leben in Wirklichkeit wie ein Rasenteppich oder wie ein dünner Schimmel unmittelbar auf der Wüste liegt, und ich habe es nur erst zu wenig gemerkt.«

Ein Jahr später:

»In der Kirche, namentlich von offizieller Seite, betrachtet man es als Aufgabe der Mönche, sozusagen feste Bastionen des schwindenden religiösen Bewußtseins zu schaffen.

Ich denke eher, daß wir, in der Tradition der Wüstenväter, heute eine ›religionslosere‹ Form der Spiritualität leben sollten. In der Praxis würde das zwar nicht den völligen Verzicht auf Liturgie bedeuten – namentlich nicht bei den Zönobiten, denn man kann schlecht gemeinsam im luftleeren Raum leben; eher bei den Eremiten –, aber eine deutliche Akzentverschiebung. Eine Akzentverschiebung nicht zugunsten stärkerer Aktivität und des pastoralen, sozialen usw. Engagements, sondern des bewußteren Lebens in einem Raum der Leere, des Schweigens, des Wartens. Rein zeitlich eine Reduzierung der Liturgie zugunsten längeren (gemeinsamen oder einsamen) schweigenden Betens. Ich meine diese Tendenz auch – unreflektiert – bei der jüngeren Generation zu spüren: Erfahrung der Unfruchtbarkeit langer liturgischer Gebetszeiten, trotz allen guten Willens, spontane Neigung zu mehr stillem Beten und Lesen.«

Ich habe immer gern und viel geschrieben. Für den Noviziatsunterricht allein habe ich Bände von Manuskripten verfaßt. Ich denke vorwiegend *schreibend* nach. Außerdem übersetzte ich bücherweise lateinische Zisterzienser-Autoren, um sie den Novizen zu erschließen. Aber das blieb alles für den innerklösterlichen Gebrauch. Trappisten sind schweigende Mönche, das hieß auch: Trappisten publizieren nichts. Die Mitbrüder in Amerika und Frankreich dachten darüber anders, aber die waren weit fort und vielleicht auch schon zu »aufgeweicht« in ihrer Disziplin.

Für die Information der zahlreichen Interessenten brauchte ich allerdings Handreichungen. Immerhin fragten pro Jahr allein rund fünfzig (meist junge) Männer an, die den Gedanken an einen Eintritt bei uns zumindest nicht ausschlossen, und in meiner aktivsten Zeit schrieb ich pro Jahr gut vierhundert Antwortbriefe. Es gab eine Broschüre über unser Kloster; ich ergänzte sie durch hektografierte Blätter. Als 1976 Henri Nouwens »Genesee Diary« erschien, hielt ich das für ein ausgezeichnetes Werk, um einen lebendigen Einblick in ein Trappistenkloster zu geben und unser Ordensideal einem größeren Publikum zugänglich zu machen. Genau genommen beschrieb es zugleich eine Korrektur mancher bei uns festgefahrener Strukturen. So übersetzte ich es und schrieb ein kurzes Vorwort dazu. Es erschien 1978 bei Herder unter dem Titel »Ich hörte auf die Stille. Sieben Monate im Trappistenkloster« und wurde ein »Longseller«. 1993 wurde die 13. Auflage gedruckt.

1980 veröffentlichte ich mein erstes eigenes Buch: »Ein anderes Leben. Was ein Mönch erfährt«. Erst aus dem Abstand ist mir klar geworden, daß es eine schriftliche Bewältigung meiner eigenen Situation war, der Versuch einer geistlichen Interpretation und Bejahung meiner äußeren, psychischen, geistlichen Überlastung. Durch das Schreiben eines Buches schuf ich mir natürlich, wie man leicht kritisieren konnte, eine »unnötige« Zusatzlast, verstärkte also inkonsequent selbst, was ich beklagte. Aber was ist »nötig«? Wahrscheinlich war diese schriftliche Bewältigung für mich subjektiv am nötigsten.

So räumte ich denn in diesem Buch gründlich auf mit dem Klischee vom Mönch, der im »Klosterparadies« in seliger Muße vor sich hinschwebt. Ich beschrieb das Mönchsleben als harte Wüstenwanderung, die dem Mönch alle Illusionen und selbst sein Gottesbild nimmt. Außerdem plädierte ich leidenschaftlich dafür, in radikaler Nüchternheit, Klarheit und Einfachheit alle unsere Traditionen, Vorstellungen und Formen abzutakeln und auf den wesentlichen Kern zu reduzieren: auf ein existentielles »Sterben mit Christus« durch eine Erfahrung des Karsamstag hindurch, um als »neuer Mensch« aufzuerstehen.

Aufmerksame Rezensenten bemerkten richtig, daß das Buch ein Gefühl zäher Anspannung vermittelte und allzu unbarmherzig jedes gelöste, heitere Da-Sein untersagte. Aufschlußreich waren auch die lebhaften, ausführlichen Reaktionen von Lesern: Sie kamen durchweg von eher extremen Positionen, und zwar von zwei völlig gegensätzlichen, ja einander widersprechenden her. Verstand und begrüßte die »konservative« Hälfte der Leser das Buch als Plädoyer dafür, das Kreuz des herkömmlichen Ordenslebens treu zu tragen und geistlich fruchtbar werden zu lassen, so faßte es die »progressive« Hälfte als sympathische und hilfreiche fundamentale Kritik am traditionellen Ordensleben und seiner herkömmlichen Verwirklichung auf. Vielleicht ist das ein Grund dafür, weshalb das Buch 1993 seine zweite Auflage in Polen erreicht hat. Jedenfalls spiegelt es haarscharf meine damalige eigene innere Verfassung.

AUSBRUCH

Der Trappistenorden hatte seit den vierziger Jahren unseres Jahrhunderts ein stetes Wachstum erlebt. Die Mitgliederzahl war von 3687 im Jahr 1935 auf 4400 im Jahr 1962 geklettert, und eine beträchtliche Anzahl von Neugründungen wurde unternommen. Mein Mitbruder Thomas Merton hat die Atmosphäre und den Optimismus dieser Jahre in seinen beiden Bestsellern »Der Berg der Sieben Stufen« (1948, deutsch 1950) und »Das Zeichen des Jonas« (1953, deutsch 1954) anschaulich festgehalten, allerdings in seinen Spätschriften und mit seiner eigenen Lebenspraxis auch radikal in Frage gestellt.

Tatsächlich erwies sich diese Blüte als Scheinblüte: In den Konzilsjahren brach der überkommene Lebensstil des Ordens binnen weniger Jahre in vielen Klöstern wie ein Kartenhaus zusammen, und in jedem Haus zeigten sich starke Abbröckelungserscheinungen. Die Mitgliederzahl sackte infolge vieler Austritte bis 1972 wieder auf 3415 ab. Gründe dafür gab es viele. Da wurde etwa die Starrheit des Tagesablaufs immer stärker von denen in Frage gestellt, die nach einer meditativeren, ruhigeren Lebensart verlangten. Die Propagierung des akademischen Studiums nagte sehr schnell an der Tradition der trappistischen Bildungsfeindlichkeit und weltabgekehrten rustikalen Einfachheit und ließ die Gemeinschaften für zeitgenössische Strömungen anfälliger werden. Und schließlich hatte das rapide zahlenmäßige Wachstum das Gleichgewicht zugunsten der Jüngeren verlagert, die auf Änderungen besser gefaßt waren als die stärker traditionsgebundenen Älteren. Viele, die nach dem Zweiten Weltkrieg im Kloster den Frieden gesucht hatten und auf klare Antworten und geistliche Sicherheit hin erzogen worden waren, wurden zutiefst verwirrt und gingen enttäuscht wieder fort.

Unser Haus blieb von den Älteren geprägt, die nicht verstanden, warum das, was sie jahrzehntelang praktiziert hatten, plötzlich nicht mehr richtig sein sollte.

Die Äbteversammlung dagegen, vorwiegend beeinflußt von der amerikanischen jüngeren Generation, zeigte erstaunliche Offenheit und Flexibilität; es gelang allerdings nicht, diesen neuen Geist unserer Gemeinschaft zu vermitteln, die weitgehend sprachlich vom Strom der Publikationen, Diskussionen und Meinungsbildung isoliert war. Auf sie wirkten die Entscheidungen der Äbteversammlung befremdlich und verwirrend.

Da wurde zum Beispiel energisch das Problem angegangen, daß zu viele der Äbte, die »auf Lebenszeit« gewählt waren, tatsächlich bis in ihre Sterbestunde auf ihrem Abtstuhl klebten und gelegentlich ein Jahrzehnt lang senil und unfähig das Leben der Gemeinschaft mehr beeinträchtigten als inspirierten. Folglich wurde entschieden, künftig die Äbte »auf unbestimmte Zeit« zu wählen und mittels regelmäßiger Kontrollen durch Visitationen zu überprüfen, ob eine Neuwahl angebracht sei. Oder, noch einschneidender: Die Konvente konnten sich mit Zweidrittelmehrheit entscheiden, künftig ihre Äbte für sechs Jahre zu wählen, mit der Möglichkeit unbegrenzter Wiederwahl. Qualifizierte Äbte konnten auf solche Weise unbegrenzt lange im Amt bleiben, unqualifizierte ohne ehrenrührigen Eingriff routinemäßig abgewählt werden. Das stutzte einem übermäßigen Patriarchentum die Flügel und brachte lebhaft ins Bewußtsein, daß das Amt ein Dienst und kein Privileg sei. Abgewählte hatten ohne jede Vorrechte wieder ins Glied zurückzutreten, statt – wie seit Jahrhunderten – mit der Abtweihe lebenslang einen bevorzugten, sakralisierten Ausnahmestatus erworben zu haben. Ich finde, das wäre gar kein schlechtes Modell für das Bischofs- und Pfarramt.

Auch die gesetzlich weltweit einheitlich bis in die

kleinsten Details festgelegten Gebräuche, Tagesord-
nungen, Speise- und Disziplinarvorschriften des Ordens wurden mit einem Mal durch das Dutzend grober
Leitlinien eines »Statuts für Einheit und Pluralismus«
ersetzt. Auf viele Mönche, die darauf gedrillt waren,
sich genau an das zu halten, was »vorgeschrieben«
und »Pflicht« war, wirkte das, als sei jetzt nichts mehr
vorgeschrieben, und sie reagierten darauf je nach
Temperament mit Rückzug auf das »Gute Alte« oder
mit Disziplinlosigkeit. Daß der Stand der Laienbrüder,
die neben den »Chormönchen« eine ganz eigene Lebensordnung besessen hatten, praktisch über Nacht abgeschafft und alle zu gleichrangigen Mönchen erklärt
wurden, trug noch mehr zur Identitätskrise und Verwirrung bei.

Grundsätzlich war es natürlich richtig, sich aus der
Fixierung auf hundert Formalitäten zu lösen und zu
fragen, welche Ideale und Grundwerte man nun eigentlich verfolgen wolle und wie das in der heutigen
Zeit fruchtbar verwirklicht werden könne. Manchen
Kommunitäten gelang es, darauf gemeinsam zu reflek-
tieren und sich sinnvoll neu zu organisieren. Viele
waren von dieser Aufgabe überfordert. Kleine Gruppen aus solchen Klöstern unternahmen »vereinfachte
Neugründungen« von mehr oder weniger langer Le-
bensdauer: Sie zogen aus der Abtei aus, quartierten
sich an einem abseits gelegenen Ort ein, suchten irgend einen Halbtags-Broterwerb, lebten möglichst an-
spruchslos und widmeten alle verfügbare Zeit dem
Gebet und der Meditation. Dazu brauchten sie keine
Klausurmauern, keine großen Gebäude, keinen materiellen Aufwand, kein Ordenskleid.

Diese Reduzierung auf das Wesentliche faszinierte

mich. Vor allem seit ich in unsere Buchhaltung Einblick bekommen hatte, beschäftigte mich die Beobachtung, daß ich zwar persönlich extrem arm leben konnte, aber das doch in einem Rahmen tat, dessen Aufrechterhaltung im Jahr pro Kopf der Mönche ungefähr so viel kostete wie ein mittelständischer Vier-Personen-Haushalt. Mir kam das vor, als besäßen wir ein herrliches Schloß, kampierten aber zur Pflege von Armut und Einfachheit in Zelten im Schloßgarten.

Außerdem bewegte mich die Frage, ob ich das, was in fünfzehn Jahren in mir gewachsen war, nicht in irgendeiner Form mit den sogenannten »Weltmenschen« teilen sollte.

Meinen stressigen Einsatz als Prior und Novizenmeister empfand ich als zunehmend unkontemplativ, und wiederholt bat ich meinen Abt, mich wenigstens von einem der beiden Ämter zu befreien, jedoch ohne Erfolg.

Mit den Novizen machte ich die Erfahrung, daß einer um den andern früher oder später das Handtuch warf. Ich hatte in den knapp sieben Jahren meiner Zeit als Novizenmeister fünfzig Kandidaten, von denen zehn als Novizen eintraten und schließlich keiner blieb.

Anfang Mai 1980 kamen innerhalb von zehn Tagen unabhängig voneinander vier unserer jungen Mitbrüder zu mir, um mir zu eröffnen, daß sie das Kloster verlassen wollten. Sie erklärten, sie verspürten zwar durchaus die Berufung zu einem kontemplativen Mönchsleben, aber die Form und das Klima, in dem das in Mariawald gelebt werde, sei auf die Dauer für sie nicht lebbar. Das waren schon fast die letzten Jüngeren des Konvents, der inzwischen auf etwa 25 Mitglieder zusammengeschrumpft war. Ich wollte sie nicht tatenlos gehen lassen und schlug ihnen vor, dann lieber gemeinsam irgendwo als kleine Gruppe zu versuchen, arm und einfach ein Mönchsleben zu gestalten. Zwei ließen sich dafür begeistern. Mein Oberer war nicht davon angetan, weil er sowieso jeden Mann im Haus brauchte; doch er sagte, wenn wir unbedingt wollten, sollten wir eben beim Pastoralrat der Äbteversammlung die Erlaubnis zu einem solchen Versuch außerhalb von Mariawald erbitten. Der Bescheid fiel negativ aus, und uns wurde geraten, zu bleiben, wo wir seien, und die schmerzliche Situation »als Gelegenheit zum geistlichen Fortschritt und zur Vertiefung unseres monastischen Ideals« zu nutzen. Daraufhin wollten die anderen beiden endgültig austreten. Ich fühlte immer noch die Pflicht, sie nicht einfach gehen zu lassen, und bat Ende 1980, mich auf privater Basis ein Jahr zu beurlauben, um mich mit ihnen zusammen irgendwo niederzulassen. Wenn der Versuch schiefgehe, könne ich ja wieder nach Mariawald zurückkehren. Das erforderte noch viel Hin und Her, aber schließlich erhielt ich die Erlaubnis, mich nach einem Bischof umzusehen, der uns in seine Diözese aufnehmen würde. Ich fand auch gleich beim Erzbischof von Freiburg offene Türen, und er stellte uns in Aussicht, daß wir ein der Erzdiözese gehöriges Bauernhaus im Hochschwarzwald beziehen könnten.

Die damit verbundenen weiteren Komplikationen sind in unserem Zusammenhang hier uninteressant. Am 13. Juni 1981 jedenfalls bezogen wir zu dritt als Übergangsquartier das leerstehende Pfarrhaus am Rand des Dorfes Winzingen bei Donzdorf im Kreis Göppingen, weil der Schwarzwald-Hof noch nicht frei war. Es war keine offizielle Gründung unseres Ordens,

Mariawald übernahm keinerlei Verantwortung, es war uns verboten, unser Ordenskleid zu tragen. Ein Anfang bei Null also, eine faszinierende Herausforderung. Zugleich war es in doppelter Hinsicht ein Provisorium, weil wir auf das »eigentliche« Anfangenkönnen im Schwarzwald warteten, das uns bis Herbst versprochen war. Doch diese Frist wurde immer wieder hinausgeschoben. Es gelang uns immerhin in den ersten Monaten, eine recht brauchbare Tages- und Lebensordnung einzuführen; etliche junge Gäste kamen – wie wir das vorgesehen hatten – und nahmen an unserem durch Gebet, Meditation und Schweigen fruchtbar gestalteten Alltag und in brüderlicher Gemeinschaft und Einfachheit geteilten Leben teil. Nach einigen Monaten ließ sich das so gut an, daß wir plötzlich Bescheid bekamen, man wolle uns doch unter die Obhut des Ordens nehmen. Ohne daß ich vorher gefragt worden wäre, wurde mir ein weiterer Mitbruder ins Haus geschickt, der sich beauftragt fühlte, einiges anders zurechtzurücken. Es folgten schwierige Monate voller innerer Konflikte in der Gruppe. Der Umstand, daß zeitweise bis zu fünf, sechs junge Männer ohne rechte Arbeitsmöglichkeit und ohne zu wissen, wann sie endlich an ihren Bestimmungsort ziehen konnten, in einem Haus zusammengepfercht wohnten; der Umstand, daß wir in einem priesterlosen Dorf lebten, das von uns erwartete, seelsorglich betreut zu werden – was die Nichtpriester unter uns kategorisch ablehnten –; der Umstand, daß wir alle, jeder auf seine Art, angeschlagen von unserer klösterlichen Vergangenheit und zu jung und unreif für eine solide Neugründung waren – das und noch etliches andere wirkte zusammen, daß die Gruppe schließlich von einer Krise in die andere taumelte und wir unsere gesamte Energie in die Aufarbeitung unserer gruppendynamischen Konflikte stecken mußten. Diese Schwierigkeiten wurden alle immer sehr schnell nach »oben« gemeldet, wo die Kunde nicht ungern vernommen wurde. Der Erzbischof kam ohnehin gegen den Protest seiner Mieter im Schwarzwaldhof nicht an und konnte sein Versprechen nicht einlösen; für den Orden war unsere »Neugründung« allemal ein ungeliebtes Kind, und so wurde sie flugs im April 1982 von Erzbischof und Abt für beendet erklärt, ehe sie recht begonnen hatte. Die Mitglieder zerstreuten sich in alle Winde, ich wurde für einige Zeit – sozusagen zur »Resozialisierung« – in die Abtei Genesee in den USA geschickt.

SABBATJAHR UND NEUORIENTIERUNG

In diesem Jahr ist etwas Entscheidendes in mir vorgegangen, das sich nur schwer beschreiben läßt. Der Abt und die Mönche von Genesee haben es verstanden, sehr konsequent ein Gemeinschaftsleben zu organisieren, das selbst den Meistbeschäftigten, also dem Abt, dem Prior, dem Novizenmeister, dem Ökonom usw. täglich drei bis vier Stunden Stille und Alleinsein gewährleistet, und zusätzlich gab es noch für alle Mönche ganze »Wüstentage« oder die Möglichkeit, sich gelegentlich in eine Eremitage zurückzuziehen; zwei Mönche siedelten sogar als »fulltime«-Eremiten auf dem tausend Hektar großen Klausurgelände der Abtei. Ich kam dort meine Wunden leckend an und fand Einsamkeit und Stille in reichlichem Maß. Ehe ich das erste Gespräch mit dem Abt hatte, war ich einige Wochen völlig mir selbst überlassen und bekam nur durch Zettel meine Arbeitsanweisungen. Gewöhnlich jätete ich täglich zwei Stunden Unkraut im Garten und stand drei Stunden am Fließband in der Kloster-Brotfabrik (»output« bis zu 10 000 Brote pro Schicht). Wochenlang psychisch völlig und ohne irgendeine Möglichkeit zur Zerstreuung und Ablenkung mit sich allein gelassen zu werden, hatte etwas von einer »Roßkur« oder Psychoanalyse an sich. Es war hart, aber fruchtbar. Nach einiger Zeit kniete ich mich intensiv in Studien über Liebestheologen des 12. bis 14. Jahrhunderts (Bernhard von Clairvaux, Heinrich Seuse, Petrarca, Dante u.a.). Diese Studien, in einem Klima des Gebets, des Schweigens und Alleinseins in einer sehr eremitisch geprägten Gemeinschaft eröffneten mir sozusagen einen Blick, eine Ahnung von dem, was »Himmel« ist, und mir war, als werde mir gesagt: »Jetzt setze ich dich wieder auf die Erde, und nun mühe dich im Staub, dieses Land wieder zu finden.« Ferner hatte ich an einem Buch über den spirituellen Sinn der antiken und frühmittelalterlichen Krypten gearbeitet, und dabei war mir noch einmal überdeutlich zu Bewußtsein gekommen, daß es Evolutionsphasen der spirituellen Entwicklung der Menschheit wie des Einzelnen gibt; daß man aus einzelnen Phasen hinauswächst und sie nicht mehr festhalten oder restaurieren kann. Das gab mir den Mut, endgültig den Schritt hinaus aus dem verfaßten, klausurierten Mönchsleben zu tun.

Dieser Schritt legte sich ohnehin nahe, da mir aus meinem Kloster signalisiert wurde, man wolle auf keinen Fall, daß ich dorthin zurückkomme, und am besten sei es, ich bliebe ganz in Genesee. Doch ich fühlte mich nicht imstande, mein ganzes weiteres Leben in Amerika und in der amerikanischen Sprache zuzubringen. Ich lebe zu sehr in und mit der deutschen Sprache. Das schrieb ich meinen Oberen. Die Antwort war: Wenn ich unbedingt ins deutsche Sprachgebiet zurückwolle, sollte ich mich an irgendeinem Ort in der Schweiz oder in Österreich niederlassen und nichts mehr von mir hören lassen.

Jesus hat »außerhalb des Tores gelitten. Laßt uns also zu ihm vor das Lager hinausziehen und seine Schmach auf uns nehmen. Denn wir haben hier keine Stadt, die bestehen bleibt, sondern wir suchen die zukünftige« (Hebräerbrief 13,12–13).

Zu diesem Schriftzitat notierte ich damals die Gedanken: »Dieses Wort läßt mich schon lange nicht mehr los. Es enthält die Berufung zur Einsamkeit Jesu. Vor einigen Jahren hätte ich damit noch mein Leben im Kloster begründet: Die ›Welt‹ war die ›Stadt‹, der Bereich vor den Toren der Stadt und der normalen Gesellschaft war das Kloster. Jetzt kommt es mir vor, als sei das Kloster die ›Stadt‹. Im Zusammenhang des Zitats meint die Stadt, vor deren Toren Jesus gelitten hat, tatsächlich die ›Heilige Stadt‹, den Ort des Tempels, des Kultes, der professionellen Religiosität. Und vor ihren Toren liegt die Alltagswelt der Menschen. *Dort* hat Jesus sich hingegeben. Und der Pfingstgeist hat die Klausur der hinter verschlossenen Türen angstvoll zusammengekauerten Jünger gesprengt, sie aus der ›Heiligen Stadt‹ hinausgetrieben und in die ganze Welt verstreut. Das ganze 13. Kapitel des Hebräerbriefs handelt vom Leben ›vor den Toren‹ draußen: von der Bruderliebe, der Gastfreundschaft, der Sorge um die Gefangenen und Mißhandelten, von der Ehe.

Und denen, die da draußen leben, wird von Gott versprochen: ›Ich lasse dich nicht fallen und verlasse dich nicht. Darum dürfen wir zuversichtlich sagen: Der Herr ist mein Helfer, ich fürchte mich nicht. Was können Menschen mir antun?‹ (Hebr 13,5–6).

Zur Zeit bin ich wieder innerhalb der Tore. Es tut mir gut, aufgehoben zu sein in diesem Raum, der mir eine eindeutige Identität schenkt; in dem ich genau wie die andern um mich herum leben kann und zu jeder Stunde weiß, was zu tun ist. Zumal ich keine Verantwortung (außer für das Unkraut) und kein Amt habe, kann ich das um so mehr genießen. Ich habe Raum, Zeit, Stille für mich. Ich möchte möglichst lange hierbleiben. Und dennoch ist da dieser Ruf: ›Laßt uns also zu ihm vor das Lager hinausziehen . . .!‹

Er bedrängt mich. Ich habe Angst vor dieser Einsamkeit. Aber ich muß lernen, Ja zu ihr zu sagen: Das dürfte ein wichtiger Sinn meines Aufenthalts hier sein. Ich muß lernen, meine einsame, einmalige, unverwechselbare Geschichte voll anzunehmen und froh und dankbar mit ihr zu leben. Alles dreht sich um die *eine* Frage: ›Herr, was willst du, daß *ich* tun soll?‹«

Und einige Wochen später: »Kontemplation – die Welt gegen das Licht Gottes heben und darin seine Wasserzeichen erkennen und lesen. Wir Mönche tun das; aber wir verwenden dazu nur eine bestimmte, von uns selbst ausgesuchte Sorte Papier. Warum nicht normales Papier verwenden, und sei's Zeitungspapier?«

In Genesee hatte ich reichlich Gelegenheit, über das Winzinger Jahr nachzudenken. Wir hatten dort, noch ganz befangen in unserer weltflüchtigen Kloster-Mentalität, ziemlich abgekapselt von der Bevölkerung gelebt und deren vielfältige Zeichen der Zuneigung und der Freude darüber, daß das Pfarrhaus wieder besiedelt war, kaum erwidert. Lediglich einige Gottesdienste hatten wir ihnen gehalten und einige Kranke besucht. Schon darüber hatten einige Mitbrüder gemurrt. Außerdem saßen wir ja auf Abruf sozusagen auf unseren Koffern und hofften, bald in den Schwarzwald umziehen zu können. Da wollten wir uns erst gar nicht auf die Leute in Winzingen einlassen. Im Nachhinein erschien mir das als elitäre Lieblosigkeit und als verpaßte Chance, mit den Menschen dort unseren Glauben zu teilen. So reifte in mir der Gedanke, als Bruder der Menschen ins Winzinger Pfarrhaus zurückzukehren und als eine Art »weltlicher Mönch« mitten unter ihnen zu leben.

Auch Henri Nouwen war diesen Sommer wieder in Genesee und feierte sein Silbernes Priesterjubiläum in der Abtei. Er gab mir das Manuskript seines südamerikanischen Tagebuchs zu lesen, und einige Seiten darin sprangen mir besonders in die Augen. Da hatte er geschrieben:

»Verbringe das erste Jahr (unter den Menschen) so, daß du nicht sehr viel mehr tust, als mit ihnen zu plaudern (doing little else than saying ›hello‹). Ein echter Dienst des Wortes und des Sakraments muß aus einer tiefen Solidarität mit dem Volk erwachsen.

Mit zwei oder drei Brüdern mitten unter ihnen leben, regelmäßig gemeinsam beten, durch die Straßen gehen, die Leute zu Hause besuchen, immer wieder einen ganzen Tag dem Studium und der Reflexion widmen, soweit möglich großzügig Gastfreundschaft gewähren und die Geheimnisse der Anwesenheit Gottes mit denen feiern, die das wollen.«

Dazu schrieb ich mir in mein Notizbuch: »Vielleicht

war es gar kein so falscher Ansatz, daß wir nach Winzingen gekommen sind, *ohne* ›Seelsorge treiben‹ zu wollen. Unsere Abkapselung (besonders am Anfang) hatte ungute Züge – wir wollten einfach ein Mini-Trappistenkloster mitten im Ort sein –, aber doch auch die gute Seite, daß wir den Menschen nichts ›bringen‹, daß wir sie nicht bearbeiten wollten. Wir waren einfach absichtslos da, ohne ihnen unsere vorgefaßten Konzepte aufdrängen zu wollen. Und mein Grundsatz war: Soweit es geht, möchte ich diesen Menschen jene Dienste tun, und in *der* Art, die *sie* wünschen.«

Bei Henri Nouwen hieß es weiter:

»Der Grundgedanke ist: unter den Menschen leben, um von ihnen zu lernen. Das klingt vielleicht romantisch und sentimental. Aber es bedarf einer guten theologischen Ausbildung, um Disziplinen zu entwickeln, die es ermöglichen, daß das Volk unser Lehrmeister wird. Solche Disziplinen könnten uns befähigen, alles, was wir sehen und hören, als Zeichen zu deuten, daß Gott unter seinem Volk anwesend ist. Von da her könnten dann langsam Zeichen, Gebärden, Bilder und Gesänge erwachsen, die es uns ermöglichen würden, Gottes Gegenwart in seinem Volk zu feiern und Mittel und Wege zu finden, um dessen immer mehr inne zu werden, daß sein Reich mitten unter uns ist.

Das ist ein Dienst der Anwesenheit, aber ein aktiver, ausdrücklicher, reflektierter. Das ist ein Dienst, in dem sich ein ständiges Empfangen und Geben vollzieht. Das ist Kontemplation und Aktion, ist Festfeier und Befreiung, ist Studium und Arbeit, ist Askese und Festesfreude, ist brüderlich und gastfreundlich.«

Ich schrieb hinter dieses Exzerpt:

»Mich erregt der Gedanke: Dies entdeckt man für

das arme südamerikanische Volk – und unsere Ge-
meinden läßt man verwaisen; für sie entwickelt man
›flächendeckende Pastoralpläne‹ zur sakramentalen
Versorgung. Ich muß an das Dorf Winzingen denken,
das seit sieben Jahren ohne Priester ist, ›mitversorgt‹
wird vom Nachbarpfarrer . . .«

Diese Bemerkung stammt vom 4. September 1983.
Mit etlichem hartnäckigen Gehorsam brachte ich
schließlich den neugewählten Abt von Mariawald
dazu, den abstrusen Vorschlag meiner Verbannung
nach Österreich oder der Schweiz in eine »Verbannung« nach Winzingen umzubiegen. Ich mußte allerdings versprechen, keine neue Gemeinschaft zu gründen, sondern allein zu bleiben. Dieses Versprechen fiel
mir nicht schwer, weil ich immer noch gründlich die
Nase von dem gruppendynamischen Streß des Winzinger Jahres voll hatte. Außerdem hatte mir schon etliche
Jahre vorher jemand, der es inzwischen zum Abt gebracht hat, gesagt: »Sie taugen nie zum Oberen. Dafür
kommen Sie mit viel zu viel Fragen daher und sind viel
zu kritisch. Ein Oberer muß seinen Untergebenen das
Gefühl der Sicherheit vermitteln, daß er weiß, wo es
langgeht. Sonst sind sie überfordert.«

Aus der Sicht meiner Gemeinschaft war ich unfähig
gewesen, mit ihren Unvollkommenheiten fertig zu
werden und mich auf Dauer auf die Ansprüche und
Grenzen meines Standes einzulassen. Das ist durchaus
richtig. Mich hat zunehmend die Beobachtung und
schließlich Überzeugung geleitet, wenn man sich immer nur mit allen Unvollkommenheiten abfinde, könne das in die lahme Beschwichtigung (seiner selbst
und anderer) umschlagen. So entsteht nie Neues, Krea-
tives. Man nimmt dann Verhältnisse hin, ja stabilisiert

sie durch sein Dableiben noch, Zustände, die vielleicht untragbar oder jedenfalls schädlich sind.

Ich habe den Eindruck, sehr viele Menschen leben heute auf solche Weise in der Kirche: engagieren sich immer noch in der Seelsorge, im Religionsunterricht, als Ehrenamtliche usw., obwohl sie mit dem Kurs des Papstes und ihres Pfarrers ganz und gar nicht einverstanden sind und nur Knüppel zwischen die Beine geworfen bekommen – und tragen so dazu bei, daß der Betrieb immer noch besser läuft, als er verdient hat, und daß die »oben« weiterhin in der Illusion leben, sie müßten sich selbst und auch sonst nichts wesentlich ändern. Das Volk murrt, aber spurt, wenn's drauf ankommt. Es hält aufrecht, was es beklagt.

Notiz am 29. Juli 1983: »Geistliches Leben ist ein *Weg,* nicht ein *Stand.* Wenn du mich auf dem Weg unversehens ansprichst und mich fragst, wo ich stehe, muß ich dir folglich nicht einen perfekten Zustand vorzeigen können. Ich muß dir nicht in jedem Augenblick die Gelegenheit zum Schnappschuß eines rundum stimmigen Daseins bieten. Nein – ich darf dir ohne Schuldgefühl zeigen, auf welchem unvollkommenen Wegstück ich gerade bin. Verlange nicht von mir, jederzeit etwas Vollendetes vorweisen zu können. Perfekte Einrichtungen, Zustände, Stände, Lebensformen mögen befriedigen; aber sie neigen dazu, tot, oder jedenfalls steril zu werden, weil ihnen allzuleicht das Wesentliche abhanden kommt: die Bewegung, das Unterwegssein.

Was mir ›passiert‹ ist im Winzinger Jahr: daß ich ungewollt mit der ›Welt‹ in Berührung kam und entdeckte, daß ich *anders* geworden war als damals, als ich die ›Welt‹ verlassen hatte, und daß ich sie jetzt *anders* sah. Auch, daß sie *anders* war als das, was man mir als ›Welt‹ im Kloster beschrieb, und auch anders als das, was ich aus der Literatur über die ›Welt‹ erfahren hatte. All das war ›Welt‹ aus zweiter Hand, gefärbt von Psyche und Absichten der Vermittler. Wenn ›Welt‹ aber eine Rolle im Leben eines Christen und Mönchs spielt und spielen soll (was ich glaube, denn das Christentum ist keine ›weltlose‹ Religion), dann muß er an die *wirkliche* Welt rühren, muß *selbst* an sie rühren und seine *eigenen* Erfahrungen mit ihr machen. Darum lasse ich mich nicht mehr von der Welt absperren und mit Klischees und Versatzstücken dessen abspeisen, was ›Welt‹ ist. Denn daraus entsteht eine unrealistische, weltfremde Haltung und Spiritualität. Und davon haben wir mehr als genug.«

Als »Bruder Bernardin« in Winzingen

Ende Oktober 1983 kehrte ich nach Winzingen zurück. Bis 1991 lebte ich dort allein im Winzinger Pfarrhaus und versuchte, als Mönch und als Bruder der Menschen da zu sein; bewußt ohne Besoldung, ohne Annahme einer formellen Stelle. Von Seelsorge hatte ich keine Ahnung, fand aber rasch meinen eigenen Stil. Schnell spürte ich auch, daß die Sprache unserer liturgischen Bücher völlig steril und weltfremd war. Schon am 23. September 1984 notierte ich nach einer Tauffeier anhand des amtlichen Ritual-Buches: »Unbarmherzig klar hat mich heute während der Feier das Gefühl begleitet: alle die Zeichen und Handlungen bei der Taufe ›greifen‹ nicht mehr bei den Menschen, sind wie eine ferne Fremdsprache. Und ich rede und rede dabei und führe einen Zauber auf, der *so* nicht mehr spricht. *So,* in dieser Form von Taufen, geht es nicht mehr.«

Im Lauf der Jahre legte ich mir eine ganze Bibliothek von Ringbüchern für alle nur erdenklichen Feiern und Feste an, in denen ich selbst Texte und Formen zu entwickeln versuchte, die den Glauben für die Menschen erschließen halfen, mit denen ich konkret zu tun hatte. Überhaupt war der Versuch herausfordernd und spannend, Einsichten, Inhalte und Erfahrungen der mystischen und mönchischen Tradition in der Verkündigung umzusetzen auf die Sprach- und Verstehensebene der mittelständischen Bewohner eines schwäbischen Dorfes.

Zunächst fand ich einen ausgewogenen Arbeitsrhythmus: Vormittags blieb ich im Haus und pflegte die »mönchische« Seite meines Daseins, ab mittags war ich seelsorglich im Dorf unterwegs und stand allen zur Verfügung.

Luise Rinser hat sich in ihrem Buch »Bruder Feuer«[4] mit der Frage beschäftigt: »Wie wäre Franziskus, und was täte er, wenn er *heute* lebte?« Sie spielt den Gedanken durch und versetzt Franziskus aus dem dreizehnten ins zwanzigste Jahrhundert, läßt ihn allerdings in seiner umbrischen Heimat, in einer materiell und spirituell leichten, heiteren, poetischen Umgebung. Damit hat sie sich ihre geistreiche Aufgabe wesentlich erleichtert. Viel schwieriger wäre es, sich Franziskus diesseits der Alpen vorzustellen, in dem in jeder Hinsicht schwerfälligeren Milieu schwäbischen wohlgeordneten Wohlstands. Hier würde selbst die Jugend

[4] Fischer-Taschenbuch 2124, Frankfurt/Main 1978, 12.

die Botschaft eines Armuts-Propheten kaum wahrnehmen, geschweige übernehmen.

Der Umstand, Priester zu sein, stellt – zumal auf
dem Land – in einer priesterarmen Zeit ein wesentliches Hindernis dafür dar, sich in franziskanischer Einfachheit zu versuchen. Ich jedenfalls wurde in der
priesterlosen Gemeinde ziemlich schnell voll in die
Rolle des Ortsgeistlichen hineingeschoben – und ließ
mich aus Gutmütigkeit und Diensteifer auch hinein-
schieben. Ich genoß die Liebe der Menschen geradezu
euphorisch und neigte vor allem in den ersten Jahren
im Überschwang dazu, alle und alles geistlich über-
höht und verklärt zu sehen. Das Dorf betrachtete ich
jetzt als meine Kommunität, als meine Familie, alle
Menschen darin als Ziel meiner Liebe. Ich suchte Gemeinschaft und Wurzeln, und wohl auch aus diesem
Grund vertiefte ich mich in mönchisch akribischer
Kleinarbeit in die Geschichte des Dorfes und erarbei-
tete von Grund auf die Heimatkunde neu. Ich bin noch
immer dabei, die Unmengen Material, die ich zutage
förderte und archivierte, in eine allgemein zugängliche
Form auszumünzen.

Dennoch: Die Winzinger Jahre waren, wenn auch in
anderer Weise als ursprünglich gedacht, weithin eine
gute und fruchtbare Zeit. Mein Leben spielte sich im
Rahmen von Beschenktwerden und Schenken ab, nicht
von Bezahltwerden und Zahlen. Obwohl ich ausdrücklich die Annahme eines Gehalts ablehnte, verfügte ich
immer über genug, ja es erschien mir immer noch als
zu viel, und so verschenkte ich sehr viel. Vor allem
aber konnte ich mich selbst, meine Gaben, meine Zuneigung, meine Zeit hemmungslos und ohne zu zählen
mit vollen Händen austeilen. Ich konnte ganz prak-

tisch jene »Verschwendung« üben, die ich schon etliche Jahre vorher propagiert hatte:

»Wer erfaßt und bejaht hat, daß sein Leben zutiefst ›leer‹ und ›zwecklos‹ ist und sein darf, der wird die innere Freiheit haben, sich auch ›unrentablen‹ Diensten der Liebe für seine Brüder und Schwestern zu widmen. Das können Dienste geistiger und intellektueller Art sein, bei denen der Aufwand an Arbeit und Zeit in keinem Verhältnis zum Ertrag steht; und das werden sehr oft Dienste am konkreten Menschen sein. In einer zunehmend entpersönlichten Welt der Automaten und der rationellen Abspeisung der Menschen mit Material, Fakten und Daten ist der Mut zur ›Zeitverschwendung‹, um sich dem Einzelnen mit seiner Not wirklich intensiv zu widmen, dringender denn je erfordert.«[5]

Notiz am 15. Februar 1986:

»Das Leben unter den Menschen hat mich gelehrt, nicht als Dogmatiker oder Moralist aufzutreten, sondern aus einem Empfinden der Liebe zu diesen Menschen das Wort Gottes so auszulegen, daß es ihnen *hilft;* eher gütigen, ermutigenden Zuspruch zu geben als zu fordern und zu mahnen. Ich sehe Jesus auf diese Art wirken. Sehr harte Worte hat er nur für die ›Religiösen‹, eben die Dogmatiker und Moralisten, die ›Gerechten‹; auf alle anderen wirkt er heilend und aufrichtend. In dieser Art möchte ich ihn hier und heute verkörpern.

ER in mir und ich in IHM: Vielleicht ist diese

<hr />

[5] In meinem Beitrag zum Kommentarband »Nachfolge als Zeichen« zum Beschluß der Gemeinsamen Synode der Bistümer in der Bundesrepublik Deutschland über die Orden und andere geistliche Gemeinschaften, hrsg. von Friedrich Wulf u.a., Würzburg 1978, 67.

mystische Dimension schon mehr in meinem Leben Wirklichkeit, als ich ahne. Sie äußert sich nicht in mystischen Gefühlen und Erfahrungen, sondern ganz prosaisch in einer Art ›Instinkt‹, was in seinem Sinne und was nicht in seinem Sinne ist; in einer Art innerer Dynamik, die mich treibt und inspiriert.

›Gnade‹: Das ist die tagtägliche Erfahrung, in der Dimension der Liebe zu leben und ständig etwas geschenkt zu bekommen: mein Leben sowieso, aber auch zahllose glückliche Fügungen und ständig die Inspirationen zu dem, was ich denke, sage, predige: Ich erfahre dabei immer sehr deutlich, daß das nicht nur aus *mir* stammt, sondern von anderswoher kommt.

Und ›Gebet‹? Ich weiß es immer weniger zu definieren und zu beschreiben. Fast alle Gebets-Formen (die Vehikel sind und bleiben) sagen mir nichts mehr. Trotzdem ist es *da:* als ständiges, oft bewußtes In-Beziehung-Stehen, form-los und gedanken-los und wort-los, aber wirklich.«

WIEDER FRAGEN

Doch nach einigen Jahren spürte ich auch die fragwürdigen, die schwachen Seiten meiner neuen Lebens- und Einsatzweise. Gelegentlich einer gründlichen privaten Reflexion auf mein Leben habe ich bereits 1985 etliche Fragen notiert:

»Oft empfinde ich, daß ich nicht wirklich als ›Ich‹ lebe. Ich *partizipiere* bloß am Leben anderer: an ihrem Familienleben, an ihren Kindern, an ihren Häusern, an ihrer Geselligkeit – überall immer ein paar Stunden.

– Die meisten Menschen haben einen Partner zum

Liebhaben und Geliebtwerden, bloß *du* trottest allein durch die Gegend.

– Die Idee des Zölibats ist: ganz *frei* sein für die Liebe zu Gott und den Menschen. Stimmt die Vorstellung? Kann die Liebe zu einer Frau nicht wie der innerste Punkt sein, der alle andere Liebe – zu Gott und den Menschen – erst beseelt, erleuchtet, warm hält, inspiriert?

– Kann man *wirklich* lieben, wenn man nur ›allgemein‹ liebt und lieben darf, immer bloß der ›universal lover‹ für alle und jeden ist, und nie die Totalhingabe an *ein* Menschenwesen kennengelernt und verwirklicht hat? Sich immer und ewig vorbehält – angeblich ›für Gott allein‹?

– Fürchterliches Erwachen der Verdammten in Dantes eisig kalter Hölle: ›Ich habe *nie* wirklich geliebt, kann es *nie* mehr lernen.‹

– Seelisch-geistliche Trockenheit und Verkümmerung vieler – oder sogar der meisten? – Mönche und Priester: Die lebendige, affektive, herzliche, ganzheitliche *Liebe* blüht nie auf, entfaltet sich nie; die ›mystische‹ Dimension bleibt unentwickelt. Stattdessen: Opfer, Dienst, Pflicht, Sorge, Arbeit, Macht, Rechthaberei, Status, Reisen.

– Grollender Vorwurf gegen die Kirche und alle ›Oberen‹: blind zu sein und meinen jugendlichen Idealismus in eine Sackgasse geführt zu haben. Selber nicht den Weg zu wissen und zu gehen, den Weg zur Erfahrung Gottes, zur Mystik, zur erfüllten Liebe.«

Das waren Notizen 1985. Ich habe mit solchen Fragen und Gefühlen noch einige Jahre gelebt und habe mich rastlos in der Gemeinde eingesetzt, allerdings zunehmend mit dem Gefühl, einseitig mein Herz völlig auszugießen, während das Gegenüber meiner Liebe, die »Gemeinde«, trotz aller Sympathie und Fürsorge vieler einzelner Menschen für mich, eine zähe, mich nur gelegentlich brauchende und gebrauchende Masse blieb. Meine Kirche füllte sich zunehmend mit auswärtigen Besuchern, während die Winzinger eher dem Abnutzungseffekt verfielen und nachlässig wurden. Das verschärfte meine Fragen an mich selbst, ob ich nicht langsam zu einer Art von »hilflosem Helfer« verkomme, wenn ich endlos so weitermachte, also – im Bild gesprochen – auf zahllos vielen fremden Hochzeiten tanzte, aber nie meine eigene feierte. Mußte ich die menschlich verbindliche Liebe, die ich predigte, nicht auch selbst wirklich, konkret und letztverbindlich leben, statt immer bloß säckeweise Liebesbonbons zu verteilen und mich dann wieder von allen zu lösen und mich in mein Pfarrhaus und in mich selbst zurückzuziehen?

Liebe ist doch »kein abstraktes Programm, sondern *Substanz* und *Intensität*. Sie muß sich als solche an einem individuellen Wesen entzünden, um dann in alle Richtungen ausstrahlen zu können. ›Um Gold machen zu können, muß man Gold haben‹, sagen die Alchimisten. Das geistige Gegenstück zu dieser Maxime ist, daß man, um *alle* lieben zu können, zuerst *einen* geliebt haben muß.«[6]

»Die hilflosen Helfer« lautet ein – meiner Ansicht nach wichtiges – Buch von Wolfgang Schmidbauer »über die seelische Problematik der helfenden Berufe«[7]. Das sollten dringend alle gründlich durcharbei-

[6] Die großen Arcana des Tarot, Basel 1983, 134f.
[7] Reinbek 1990.

ten, die unbedarft und unermüdlich an Opfergeist und Selbstverleugnung appellieren und irrtümlicherweise meinen, damit immer nur christliche Hingabe zu empfehlen.

ICH FINDE UND LIEBE EIN DU

Seit 1989 lernte ich den Menschen näher kennen, der jetzt seit zwei Jahren meine Ehefrau ist. Sie hat mich in der zuletzt genannten Hinsicht sehr kritisch in Frage gestellt. Klarsichtig hat sie erkannt, daß ich als »Hans Dampf in allen Gassen« unter der Flagge selbstvergessenen Verfügbarseins stürmisch dabei war, meine Identität als Person und Mönch immer mehr schleifen und verkommen zu lassen, und es war für mich faszinierend, derart von einem Menschen wirklich im tiefsten Sinn des Wortes *erkannt* und wachgerüttelt zu werden.

»Die Sympathie wuchs derart zwischen uns, die Zuneigung wurde so glühend, die Liebe wurde so stark, daß wir schließlich ein einziges Herz und eine einzige Seele hatten, daß wir dasselbe wollten und dasselbe nicht wollten, und daß aus dieser Liebe alle Furcht verbannt war. Ich hielt mein Herz gewissermaßen für das seinige und das seinige für meines, und bei ihm war es genauso. Er war sozusagen meine Hand, mein Auge und der Stab meines Alters. Er war die Ruhestätte meines Geistes (spiritus mei reclinatorium), der süße Trost für alle meine Schmerzen. Im Schoß seiner Liebe fand ich Aufnahme, wenn ich von den Anstrengungen ermüdet war, und sein Rat machte mich wieder stark, wenn ich in Trübsal und Traurigkeit versunken war. War ich erregt, so brachte er mich zur Ruhe, war ich erzürnt, so besänftigte er mich.

War das also nicht schon ein Anteil an der himmlischen Seligkeit, so zu lieben und geliebt zu werden, so zu unterstützen und so unterstützt zu werden?«

Dieser Text stammt vom Zisterzienserabt Aelred von Rievaulx aus dem zwölften Jahrhundert und spricht von seiner Freundschaft mit dem Mönch Simon. Ich hatte Jutta gefunden, eine »Mönchin«, die auf einem völlig anderen Lebensweg als ich – durch eine gescheiterte Ehe in Mexiko hindurch, als alleinerziehende Studentin mit zwei Kindern – eine ähnliche Läuterung wie ich durchgemacht hatte und auf überraschende Weise meine kostbarsten Ideale teilte. Es war wieder eine Bestätigung, wie relativ alle Stände, Formen, Lebensweisen und Wege sind, und daß es im Grunde einzig auf ein waches, sensibles Herz und den konsequenten Willen zur Echtheit ankommt, wenn man reifen und geistlich und menschlich weiterwachsen will.

Am 1. November 1990 schrieb ich nach einem Spaziergang über den Friedhof:

»Keine Allerseelen-Stimmung. Ich habe nur *Leben* im Sinn, Fülle des Lebens, das ich ahne und spüre, schon ein bißchen erlebe und bebend weiter ersehne. Vorbei die Zeiten, wo ich mit heimlichem Neid auf die Toten über Friedhöfe gewandert bin – weil die's ›geschafft‹ hatten, dieses mühsame, anspruchsvolle Leben. Mir wird deutlich, daß ich den ›Trappisten‹ tief in den Knochen habe. Bekannter Spruch: ›Nichts ist schwerer als ein Trappistenleben, nichts ist leichter als ein Trappistensterben.‹ Bei uns war man bei der Beerdigung eines Mitbruders nie wirklich traurig. Man war eher von einer gewissen eifersüchtigen Genugtuung erfüllt: ›Der hat's geschafft. Der ist über den Jordan.‹ Und man hat ihn unter frohem Absingen des Psalms hinausgetragen: ›In exitu Israel de Aegypto – Als Israel aus Ägypten auszog, da hüpften die Berge und jauchzten die Hügel.‹

Das Trappisten-Opferleben habe ich mir sehr tief verinnerlicht. Es steckt etwas ungeheuer Diesseits-Verschmähendes, -Feindliches darin. Und vor allem knechtet es das Ich, die Seele: Sie darf nie unbefangen froh sein, darf sich nie schwere- und absichtslos entfalten.

Ich bin – aus einem vitalen Instinkt – heraus aus der Trappisten-Institution, habe sie aber in meiner Innenstruktur mitgenommen. Ich habe die äußere ›Untreue‹ kompensiert durch desto heftigeren ›aufopfernden‹ Einsatz in der Gemeinde: zum ›Beweis‹, daß ich ›innerlich‹ der gleiche geblieben bin . . .

Und jetzt hat mich jemand zum *Leben* aufgeweckt, und ich will *leben* und kann im Augenblick mit dem Friedhof nichts anfangen (obwohl er mich immer noch nicht schreckt. Ich habe keine Angst vor dem Tod. Gräber sind ein nüchternes Faktum, das Sterben die Schwelle vom Glauben zum Schauen, und ich bin ungeheuer neugierig, was dahinter kommt).

Im Augenblick beutelt's mich schwer: *Angst* vor dem Offenkundigwerden des neuen Lebens, der neuen Überzeugung. Feigheit, andere zu enttäuschen. Angst, mit Spott und Hohn aus meiner (ehrenvollen) Rolle gejagt zu werden und das Mißverständnis hervorzurufen, *alles,* was ich bisher gesagt, geschrieben, gelebt habe, sei Lügen gestraft und unglaubwürdig. Ich will eine *gerade* Linie über alles Bisherige hinaus finden.

Ich kann nicht 25 Jahre (und die vitalsten Jahre) meines Lebens abstoßen und abstreifen wie eine Schlangenhaut.

Mich plagt ein heftiges *Schuldgefühl* meiner Gemeinde gegenüber – jedem einzelnen, dem ich unter die Augen trete. Es ist, als müßte ich sagen: ›Ich liebe eine andere. Ich liebe dich nicht mehr.‹

Ja, in diesen Jahren hier habe ich versucht, alle meine Liebeskraft ins Dorf zu investieren, mich mit Haut und Haar im Dorf herzugeben. Nüchtern muß ich allerdings sagen: ›Das Dorf‹ bleibt ein Abstraktum, ein Anonymum; es ist kein Du – kein Gesicht, kein Körper, keine Seele, kein Gesprächspartner –, und so ist mein Herz unerfüllt und enttäuscht geblieben. Die Liebe und die Hingabe sind recht einseitig gewesen; die Herzen der zahlreichen einzelnen Menschen, die für mich das Dorf repräsentiert haben, sind im Tiefsten alle irgendwo anders verankert und daheim als in mir. Ich bin für jeden nur accessoir, angenehmes Beiwerk; ich darf bei vielen gern als fünftes Rad am Wagen der Liebe, der Familie, der Gruppe mitlaufen (es freut sie ehrlich, es ehrt sie) –, aber *keiner* baut sein Leben auf *mich*.

Ich aber habe versucht, mein Leben auf *sie* zu bauen. Ich habe mich dabei fast verloren. Eine Gemeinde kann nicht allen Ernstes ein Liebespartner, ein *Du* sein. Die Hingabe bleibt immer einseitig, und du läufst Gefahr, am Ende leer und ausgebrannt dazustehen. Ich meine sogar zu spüren, daß die dankbare Freude der ersten Jahre, daß ich für sie da bin, sich immer mehr zur fordernden Anspruchshaltung wandelt: ›Du hast für uns da zu sein‹. Und wenn ich mich dann zwei Tage für die Vorbereitung eines Festgottesdienstes für

86

sie abgeplagt habe, sind womöglich sie gerade *nicht* da, weil sie lieber auf den Sportplatz oder zum Skifahren gehen.

Am deutlichsten ist das vielleicht mit *Kindern* zu erfahren: Wie rührend und überwältigend habe ich in den ersten Jahren die Zuneigung der Kinder empfunden, nach den Klosterjahren einer für mich ganz unbekannten, neuen Menschenart! Wie habe ich geschwelgt in Vatergefühlen. ›Wer alles verläßt, bekommt es hundertfach zurück: Väter, Mütter, Kinder . . .‹ In Wirklichkeit waren's natürlich immer nur *Ersatz*-Gefühle, *episodenhafte* Zuneigungen. Wenn etwas weh getan hat, hat sich der Kleine an seinen *richtigen* Vater gekuschelt, und ich bin überflüssig dabeigestanden. Und wenn die herzigen Kinderchen ein paar Jahre älter werden, mußt du froh sein, wenn sie dich noch auf der Straße grüßen. Liebe? Liebes-Ersatz.

Und du bist *austauschbar* in einer Gemeinde, mach dir nichts vor! Das wird verschleiert von der Tatsache, daß ich derzeit in der Gegend der einzige Priester meines Jahrgangs und Typs bin und im Vergleich zu den Senioren um mich herum ›einmalig‹ wirke. Käme ein Priester meiner Generation und Richtung als Nachfolger, so wäre er schnell in meiner Rolle, flögen ihm die Herzen (mit der gleichen Oberflächlichkeit und Kurzlebigkeit) genauso zu wie heute mir.

Ich kompensiere mangelnde Liebe und die Leere mit *Arbeit*. Das ist wahrscheinlich eine erwünschte Funktion des Zölibats. Mein Bienenfleiß, mit dem ich in den Klosterjahren übersetzt, geschrieben, exzerpiert, katalogisiert, studiert habe.

Auch in Winzingen: die heimatkundlichen Studien,

die Wahnsinnsarbeit mit den alten Registern und Urkunden. Fast manisch. Da bin ich im Element.

O je, wie viel bricht da jetzt auf! Wie ungeheuer scharf und klarsichtig erkennt mich Jutta. Nur die Liebe, die wahre Liebe kann solche Augen haben.

Wie sehr bin ich auf Bravsein und den-andern-Freude-Machen und guter-Junge-Sein gedrillt! Wie viele Unfreiheiten und Zwänge kommen im hellen Licht der befreienden Liebe zutage!

Werde ich ohne allzu große Scherben in eine neue Dimension hineinschreiten und alles, was bisher wahr und kostbar in meinem Leben gewesen ist, darin integrieren können?

Werde ich meine Angst vor den Menschen überwinden?

›Am Ende ist all das, was war, womöglich nur der lange Weg, auf dem wir diejenigen Menschen werden, die wir sind – wunderbare Menschen, würden wir uns selber sehen können, wie Gott ganz sicher jeden Tag uns sieht und wie er möchte, daß wir selbst uns eines Tages sehen lernen‹ (E. Drewermann).«

Im selben Monat hielt ich schriftlich fest:

»Der Wunsch, *ganz* beieinander zu sein und das Leben gemeinsam zu gestalten, wird eigentlich immer stärker. Gerade bei der Morgenmeditation beschäftigte mich die Frage, ob dieses Auseinandersein, das nur immer wieder relativ kurze Zeiten des Beisammenseins kennt, grundsätzlich *gut* ist oder abgebaut werden müßte. Anders gesagt: Ist das die fruchtbare Spannung, der ›Pfeffer‹ der ›mönchischen‹ Seite unserer Berufung – also das, was uns wach, verwundet, sensibel hält und folglich, so mühsam es ist, grundsätzlich zu *bejahen* wäre (denn die Alternative wäre womög-

lich der ›regressive‹ Zustand des Aneinandergeku-
schels und schließlich Miteinander-Herumgewurstels
eines alten Ehepaars in Pantoffeln um den warmen
Ofen) –, oder ist mein Gedanke, das zu *bejahen* und
positiv zu sehen, entweder mein Selbsttäuschungs-
Trick, um recht und schlecht ein Stück meiner ›mönchischen‹ Identität zu retten, oder die Fortsetzung meiner Selbstquäl- und Opfermentalität früherer Tage?«

WIR FINDEN EINE GEMEINSAME ORIENTIERUNG

Im Winter und Frühjahr 1991 übersetzte Jutta ein
Buch, das ich entdeckt hatte und das uns beide faszinierte. Sein amerikanischer Titel lautete: »Ordinary
People as Monks and Mystics – Gewöhnliche Menschen als Mönche und Mystiker«[8].

»Ich empfand es als symbolisch vielsagend«,
schrieb ich im Vorwort zur Übersetzung, »daß ich
dieses Buch im Herbst 1990 in einer Buchhandlung
direkt hinter den Kolonnaden von Sankt Peter in Rom
entdeckt habe. Denn tatsächlich beobachte ich, daß es
sozusagen direkt hinter den überkommenen Institutio-
nen, an ihren Rändern oder oft schon weit abgedriftet
von ihnen Menschen gibt, die redlich ein authentisches
Leben in Einfachheit und mit spirituellem Tiefgang
suchen und dies meist auf ganz eigene Faust tun. Sie
sind innerlich und gelegentlich (aber seltener) auch
äußerlich emigriert, ausgezogen aus einer Welt und
aus Kirchen, in denen man nicht mehr guten Gewis-

---

[8] Von *Marsha Sinetar,* im Herbst 1991 in Freiburg erschienen mit dem Titel »Die Sehnsucht, ganz zu sein. Menschen, die das neue Leben mit Gott suchen«. Zu unserer
Enttäuschung hat es wenig Leser gefunden

sens frag- und kritiklos beim allgemein Üblichen mitmachen kann, ohne seiner Seele und seiner Selbstachtung nachhaltigen Schaden zuzufügen. Das ist eine, ja die ur-›mönchische‹ Antwort auf die wie auch immer vernommene Berufung, sich auf die Suche nach der Wahrheit und Echtheit zu machen und verantwortlich zu leben.

Was sie von puren ›Verweigerern‹, ›Aussteigern‹ oder ›Alternativen‹ unterscheidet, kommt im Begriff des ›Mystikers‹ zum Ausdruck: Sie sind von der inneren Vision geleitet, daß es offensichtlich ›mehr‹ im Leben geben muß und gibt als ein angepaßtes Konsumentenverhalten und die allgemein üblichen freizeitfüllenden Vergnügen. Nicht alle nennen diese Wirklichkeit ›Gott‹, sei es aus Abscheu vor dem allzu gedankenlosen Hantieren mit diesem Wort, sei es aus Scheu, dem Geheimnis, das sie ahnen, gleich ein Etikett aufzukleben. Ihre ›Vision‹ ist allermeist etwas völlig Undramatisches und Unscheinbares, sie vermittelt indes eine positive, im Tiefsten optimistische Erfahrung und Dynamik und den Mut zu einem ganz eigenen Weg . . . Er führt in eine immer größere Weite und Freiheit – in jene Freiheit, die (wie Simone Weil einmal formuliert hat) nicht darin besteht, daß unsere Befriedigung unseren Wünschen entspricht, sondern daß unser Handeln unserem Denken entspricht. Dann sind wir ganz.«

Eine Grundaussage dieses Buches sprach uns besonders an: Wer den Mut hat, konsequent seinen eigenen Weg zu gehen, der wird früher oder später mehr und Originelleres zum Leben aller anderen beitragen, als wer sich dem Kollektiv anpaßt. Es liegt in der inneren Konsequenz einer richtig verstandenen, reifen »Selbstverwirklichung«, daß sie sich kreativ in die

Gemeinschaft einbringt. Daher bin ich mißtrauisch gegen alle altmodische und – neuerdings aufkommende – moderne Schelte von Selbstverwirklichung und Individualismus. Alle Systeme, die gern Untertanen haben, appellieren an Gemeinschaftsgefühl und Gehorsam, und zwar Gehorsam gegenüber der »Gemeinschaft«, und vor allem ihren Repräsentanten. Ich denke dagegen, reife Gemeinschaft entsteht, wo gefestigte Individuen, Menschen, die konsequent ihrem Gewissen und ihrer inneren Stimme (die ich als die Stimme Gottes verstehe) folgen, in Freiheit zusammenfinden. Das ist und bleibt für mich der Sinn und das Ziel des mönchischen Weges. Wer die einsame, individuelle Wegphase verbieten oder überspringen möchte, dem traue ich nicht über den Weg.

Platon hat in seinem »Höhlengleichnis« ins Bild gebracht, was seit jeher jedem widerfährt, der konsequent und intensiv unkonventionelle Wege beschreitet. Sieht er eines Tages eine neue Qualität von Licht und kehrt er voll Freude zu seinen Gefährten zurück, die noch in der Höhle nur die Schatten sehen; meint er, sie würden ihn als Offenbarer begrüßen und ihm glauben, so wird er bitter enttäuscht: Sie verstehen ihn nicht mehr, behandeln ihn als Fremden und stoßen ihn ab, wie das ein Organismus mit einem fremden Glied tut. Dies war auch das Schicksal Jesu, und es ist geradezu naturnotwendig auch das Schicksal jedes Menschen«, der sich auf seine Worte und seine Lebensart einläßt. Das verändert das eigene Denken und Werten. Man wird anders: einfacher, unkomplizierter, freier und zugleich strenger mit sich selbst. Sehr viel Allzugewohntes und Selbstverständliches wird fragwürdig, und es ist, als stelle man mit entwaffnenden Kinderfragen alles Aufgeblähte und scheinbar so Wichtige in Frage.

Zugleich wird man damit immer einsamer. Man wandert in ein Gebiet hinaus, das offensichtlich die allermeisten Menschen nicht kennen, und man kann sich kaum mehr verständlich machen, wenn man ihnen von dort her etwas sagt. Folglich hält man meistens den Mund. Wie hilfreich, wenn man dabei eine Lebens- und Gesinnungsgefährtin findet, wie es mir geschenkt worden ist!

Es ist eine eigenartige Verkehrung in unserer merkwürdigen Gesellschaft, daß sie prophetische Warnungen als Konsumartikel schätzt und mißbraucht. Da häufen sich zum Beispiel derzeit die Klagen, Schriftsteller, Philosophen, Friedens-Aktivisten engagierten und äußerten sich nicht mehr mahnend und wegweisend zur Zeitlage.

Aber wo Bußpredigten erwartet und regelmäßig konsumiert werden, jedoch kaum einer einschneidend sein Leben ändert; wo man sich täglich über eine neue geistreich-bissige Haitzinger-Karikatur in der Zeitung amüsiert, sich jedoch keineswegs von der aufrüttelnden Kritik und Botschaft des Zeichners rühren läßt, muß man fragen, wozu das noch dient. In Wirklichkeit fehlt es uns an Warnern und Mahnern wahrlich nicht – aber es fehlt an solchen, die wirklich auf sie hören und ihr Leben ändern.

Mich hat immer das diskrete Prinzip des Trappisten-Ordens fasziniert: Wir missionieren niemanden vorsätzlich, wir drängen uns niemandem auf – nein, im Gegenteil, wir ziehen uns eher zurück und lassen uns von denen, die Interesse haben, suchen. Statt hinter irgend jemandem herzulaufen, *leben* wir einfach für uns persönlich das, was wir als unsere Berufung erkannt haben.

In unserer marktschreierischen Zeit, in der die Weltanschauungen mit desto mehr Geschrei und Raffinesse verkündet werden, je dünner und hohler sie sind, scheint mir das ein aktuelles Prinzip zu sein.

Mein Ordens-Mitbruder Thomas Merton hat es einmal so formuliert: »Man sollte imstande sein, seine Gaben mit anderen zu teilen, ohne sich allzu große Sorgen darum zu machen, ob sie sie wirklich mögen oder wie sie sie aufnehmen. Wenn sie sie brauchen können, werden sie sie schon nehmen. Und wenn sie sie nicht brauchen, weshalb sollten sie sie dann annehmen? Das ist ihre Sache. Ich will zu dem Ja sagen, was mir gegeben ist, und ihnen alles zur Verfügung stellen und dann meines Weges gehen.«

Auch Thomas Merton ist ein »loner«, ein hartnäckiger Einzelgänger von der Art geworden, die Originelles und Schöpferisches zum Leben der Menschengemeinschaft beitragen kann, ohne das zwanghaft zu wollen und sich irgend jemandem aufzudrängen.

»Mache dich nicht selbst abhängig von der Hoffnung auf Erfolge«, hat er weiter geschrieben. »Du mußt damit rechnen, daß all dein Bemühen womöglich fruchtlos bleibt oder sich ins Gegenteil auswirkt. Rechne mit dieser Möglichkeit. Wenn du dich daran gewöhnst, wirst du dich allmählich immer mehr auf den Wert, auf das Richtigsein, auf die Wahrheit deiner jeweiligen Arbeit konzentrieren und immer weniger auf ihre Ergebnisse. Und auch in deiner Arbeit mußt du einen Reifungsprozeß durchmachen. Er geht in die Richtung, daß du dich immer weniger für bestimmte *Ideen* und immer mehr für bestimmte *Menschen* abmühst. Dein Wirkungskreis wird dadurch enger, aber deine Arbeit gewinnt an Dichte und Inhalt. Letzten Endes ergibt sich aller Sinn daraus, daß du zu bestimmten Menschen eine wirklich persönliche Beziehung entwickelt hast.

Mir hängen, ehrlich gesagt, alle Ideale und Gründe zum Hals heraus. Das klingt wie eine Häresie, aber ich denke, du verstehst, was ich meine. Es ist so leicht, sich vollzustopfen mit Ideen und Parolen und Programmen und Mythen, aber zu guter Letzt steht man mit leeren Taschen da, und man hat nichts mehr, was einen trägt. Und dann ist man versucht, nur desto lauter seine Parolen zu schreien, um sich irgendwie einen tragbaren Sinn vorzugaukeln.

Worauf letzten Endes alles ankommt, ist, wirklich zu *leben* und nicht dein Leben zu verpuffen im Dienst irgendeines Mythos. Und wir neigen dazu, die besten Dinge zu Mythen zu verkehren.«[9]

Bei solchen Überlegungen waren Jutta und ich im Gleichklang; sie umrissen eine gemeinsame Orientierung, und der Gedanke, zusammen ein Leben zu gestalten, das sich auf Weniges und Wesentliches konzentriert, faszinierte uns zusehends. Es sollte ein eher »mönchisches«, zurückgezogenes Leben werden.

RINGEN UM DEN NÄCHSTEN SCHRITT

Von gemeinsamen Inspirationen und Plänen bis zu deren Verwirklichung ist es meist ein weiter Weg. So

---

[9] *Thomas Merton,* Brief an James Forest, zit. von J. H. Forest, Thomas Merton's Struggle With Peacemaking, im Sammelband von G. Twomey, Thomas Merton – Prophet in the Belly of a Paradox, New York 1978, 52f.

schien es auch uns; ja, ich zweifelte einige Zeit, ob ich es je schaffen würde, mich aus meinem gegenwärtigen Lebens-Stand zu lösen und noch einmal alles hinter mir zu lassen. Aber mit Jutta war eine Wirklichkeit in mein Leben eingetreten, die schließlich alles wie von allein sprengte. Die Liebe zu ihr überschwemmte mich, ihre Wirklichkeit berauschte mich, ihre Gegenwart erfüllte mich, die Bilder und Episoden unserer Begegnungen und seltenen gemeinsamen Stunden lebten in mir.

Und merkwürdig: Dieses Gepacktsein von der Liebe zu Jutta inspirierte mich, schenkte mir eine ganz neue Sensibilität für die Fragen der Menschen, namentlich der Frauen in unserer Kirche und Gesellschaft; meine Predigten erreichten ihre beste Qualität, wurden gesucht und in zahllosen Exemplaren verbreitet. Jutta bewegte mich, wieder ganz konsequent und kompromißlos zu fragen, wie heute ein einfaches Leben nach dem Evangelium aussehen müßte (nämlich sicher nicht so wie die Rolle, in die ich immer mehr hineingeraten war, und in der ich schließlich mehr getrieben war, als daß ich mein Leben und Tun selbst gestalten konnte); zu mehr Disziplin in meinem Tageslauf; zu bewußterem Suchen nach Gott und seinem Willen. All das wurde meiner verwirrten, verschreckten Seele zum Symptom, daß sie von IHM geschickt und mir geschenkt sei, und nicht vom »Versucher«.

Schwere Monate des Fragens, der Entscheidung folgten.

Eine Tagebuchnotiz aus dieser Zeit:

»Sturm der Gefühle, Wechselbad der Emotionen. Freude, Verwirrung, Bangen; Zweifel im strengen Sinn eigentlich nicht – obwohl ich mir, aus Prinzip und Methode sozusagen (um keine Möglichkeit auszulassen), auch die Frage gestellt habe: Vielleicht machst du dir etwas vor, bist auf einen ganz falschen Weg geraten, läufst in dein Verderben?

Aber das gibt nicht viel Sinn; es führt beim konsequenten Durchdenken in ein Gefühl der Kälte, des Grauen, Starren, Sterilen. Mit dem Gedanken an Jutta dagegen ist alles verknüpft, was *Leben* bedeutet: Licht, Wärme, Buntheit, Kreativität, Spontaneität, Fülle. Heutige Lesung in der Messe: über die Frau Weisheit, als die Jutta in mein Leben getreten ist. Nicht nur, nicht in erster Linie das ›Weib‹, das ein Priester, ein Zölibatärer, ein Mönch in sein Leben treten läßt, um mit ihm ein ›Verhältnis‹ zu haben (aber dieser Gedanke, dieses Gefühl vom meinem Über-Ich her bedrückt, bedrängt, schlaucht mich trotzdem am meisten: Du bist jetzt einer von den Versagern und Schwachen und Inkonsequenten, die ›ein Verhältnis‹ haben . . .) –, *nein,* Jutta ist doch (obwohl *auch* die *Frau,* das leibhaftig kostbare und köstliche Wesen) vor allem die *Weisheit* für mich, die mich anstachelt, weckt, inspiriert zu einem konsequenteren Leben aus dem *Geist,* aus dem Evangelium: *Gottesgeschenk.*«

In meinen Lebensumständen als »öffentliche« und überall in der Gegend bekannte Figur konnten wir uns keine lange Zeit der Vorbereitung und der Reflexion auf eine künftige Ehe leisten. Und wir wollten das auch nicht, denn alle Heimlichtuerei war meiner Frau wie mir gleichermaßen zuwider.

Mehr noch als das Stück Unwahrhaftigkeit in der eigenen Existenz finde ich es unerträglich und unverantwortlich, eine Frau als heimliche (oder auch stillschweigend allgemein bekannte und hingenommene)

Geliebte auf die Rolle und Funktion einer im Leitz-Ordner versteckten Cognacflasche zu erniedrigen; selbst also in Amt und Würden eines zölibatären Priesters aufzutreten, aber seine Frau in der Situation offizieller Nicht-Existenz und undefinierter Rolle zu lassen, oder in der verlogenen Rolle der Haushälterin, die ihn in Gegenwart Dritter mit »Sie« und »Herr Pfarrer« anredet, in der Rolle der Hausdame, Sekretärin, Mitarbeiterin usw. Er tritt allein an den Altar und ist die Mitte, repräsentiert Christus und füllt sein angesehenes Amt aus – sie mischt sich unauffällig unter das Kirchenvolk und verschwindet am Ende des Gottesdienstes diskret, damit er sich leutselig seiner Gemeinde widmen kann. Nachmittags oder abends sind sie dann wieder eins, bis sie wieder als graue Maus in einem Loch verschwindet und er in die Fülle seines Amtes zurücksteigt.

Einen entscheidenden Stoß hat mir in dieser Hinsicht ein Aufsatz über »Die Geliebte: Betrügerin oder Betrogene?« von Anke Hüper gegeben.[10] Sie weist darauf hin, daß es immer eines guten Stückes Masochismus bedarf, wenn sich eine Frau langfristig darauf einläßt, die Geliebte eines Mannes zu sein, der anderweitig gebunden ist und nicht daran denkt, diese Bindung um ihretwillen zu lösen. »Es ist eine weibliche Haltung: Gib mehr, als du zurückbekommen kannst, und dann leide im Stillen daran. ›Ich schaffe es immer gerade, bis er zur Tür raus ist, ohne zu heulen, und dann schließe ich mich erstmal ein.‹ Wenn es stimmt, was die Illustrierten schreiben, daß Geliebte immer

---

[10] In: Liebe, Freundschaft und so weiter (= Psychologie Heute Taschenbuch 507), Weinheim und Basel 1989, 133–152.

gekühlten Champagner parat haben, dann trinken sie die Reste sicher auch allein aus.«[11]

Ich bin inzwischen etlichen Priestern und ihren Geliebten begegnet, und wenn ich mit den betreffenden Frauen sprach, war es auffallend, daß sie die schwierige Situation immer aus der Perspektive ihres Priester-Freundes zu sehen, zu erklären, zu rechtfertigen versuchten: »*Für ihn* ist es eben unmöglich, mich zu heiraten. *Er* würde es nicht verkraften, seinen Beruf zu verlieren. Diesen Schritt kann ich *ihm* nicht zumuten« usw. Fast nie haben sie spontan die Situation aus ihrer *eigenen* Sicht beschrieben und erörtert, was *ihnen* zugemutet wird. Es ist merkwürdig, daß Frauen so sehr ihre eigenen Probleme zurückstellen und sich spontan in die Rolle der »Selbstlosen«, derjenigen, die »Opfer zu bringen« bereit ist, versetzen – und wie selbstverständlich und gedankenlos die Männer das voraussetzen, ja geradezu fordern.

»Drei wesentliche Eigenschaften kennzeichnen das Verhältnis: Heimlichkeit, Verfügbarkeit der Geliebten, kurze, aber regelmäßige Treffen.«

Der Mann hat seine klare öffentliche Rolle und ist nicht bereit, sie aufzugeben. Ja, es kann sein, daß er sie sogar noch gewissenhafter als bisher auszufüllen versucht, um sich selbst zu beweisen und zu beschwichtigen, daß er keineswegs infolge seiner Liaison in seinem Diensteifer nachläßt.

Die Frau gerät in die Rolle der dahinter Zurücktretenden, immer Wartenden, allzeit Verfügbaren. »Im Regelfall rechnet die Geliebte immer mit einem Besuch oder Anruf des Freundes, da er oft nur kurze

[11] Ebd., 142.

Zeiten zwischendurch ›rausschlagen‹ kann. Sie wird also nur selten eine andere Aktivität planen, da sie immer erreichbar sein möchte. Die Geliebte will sich also auch nie fest mit jemand anderem verabreden. Die Folge ist soziale Isolation.

Was bewirkt der für ein Verhältnis typische Besuchsmodus? Der verheiratete Mann (oder, für unseren Kontext: der Priester) findet regelmäßig im Anschluß an irgendwelche Veranstaltungen oder mittels der berühmten Überstunden oder Dienstreisen eine Möglichkeit, seine Geliebte für eine kurze, streng begrenzte Zeit aufzusuchen . . . Da die Zeit immer kostbar ist, dürfen keine Konflikte entstehen; da keine Konflikte entstehen dürfen, sind viele Themen Tabu: zum Beispiel seine Ehe, seine Kinder (oder im Fall des Priesters sein Berufsstand, seine Gemeinde), die Zukunft, die Traurigkeit der Geliebten, nicht zuletzt die Kürze und Seltenheit seiner Besuche. Durch dieses Arrangement, das – sofern der Leidensdruck nicht zu groß wird – von beiden konsequent eingehalten wird, erhalten die Treffen eine unwirkliche, idealisierte, illusionistische Qualität . . . Man lebt nur noch für den Augenblick; die Hölle, das sind die anderen. Die Folge ist soziale Isolation.

Der Zwang zur Geheimhaltung verbietet, daß ein Außenstehender die Beziehung der beiden Menschen zueinander beurteilen kann. Das Fehlen dieses wichtigen Regulativs fördert die Bereitschaft beider Partner, an die Einzigartigkeit des anderen und an die Schicksalhaftigkeit ihrer Beziehung zu glauben. Je isolierter die Frau lebt, desto weniger wird ihre idealisierende Betrachtungsweise gestört, desto stärker ist die Frau aber auch gleichzeitig auf den Partner angewiesen.

Eng verknüpft mit der Notwendigkeit, das Verhältnis geheimzuhalten, ist das Gefühl, Komplize des Mannes zu sein. Die Erfahrung, mit ihm gemeinsam abenteuerliche oder gar gefährliche Situationen gemeistert zu haben, hat eine außerordentlich bindende Wirkung. Gleichzeitig spielen Empfindungen wie Dankbarkeit und Verpflichtung eine Rolle: ›Immer wenn zwischendurch Wut- und Haßgefühle in mir Oberhand gewinnen wollen, muß ich sofort daran denken, daß er ja für mich Risiken auf sich nimmt, daß er seine gesamte Existenz um unserer Liebe willen aufs Spiel setzt.‹«

In Wirklichkeit trägt die Geliebte sehr einseitig die Risiken. Sie stellt alles um seinetwillen zurück. Er behält seine festen Bindungen bei, und kommt es tatsächlich zum Konflikt (von außen her oder zwischen den beiden), kann er sich immer auf seine sicheren Positionen zurückziehen – was ja dann sogar noch bedeutet, daß er höchstmoralisch zu Ordnung und Sitte zurückkehrt . . ., während sie immer den Kürzeren zieht, an allem die Schuld trägt und die ganze Zeche allein zahlen muß.

»Was bleibt von der einstmals sich selbständig wähnenden Frau übrig? ›Ich bin ein Radio, das nach Belieben meines Freundes ein- und ausgeschaltet werden kann‹, sagte mir eine Frau . . . Es gibt (für sie) ›zwei Welten‹: in der einen spielt sie die Rolle der selbständigen, aktiven, entscheidungsfreudigen Frau, in der anderen die der abhängigen, geduldig wartenden, passiven Geliebten.

Was ist das, psychisch gesehen, dieser Zustand Geliebte? Die zwei Welten sind jeweils unmittelbar verknüpft mit seelischen Zuständen, die sich etwas salopp mit der Formel ›zwischen Euphorie und Depression‹

charakterisieren lassen. Wie kann es ein Mensch aushalten, sich unter Umständen jahrelang derartigen Wechselduschen auszusetzen?

Extreme soziale Isolation führt zu Realitätsverlust. Die Geliebte empfindet ihre Lebensform als Schicksal, sie verliert das Gefühl, was sie ihm zumuten kann, was sie ihm ›antun‹ darf, weil sie nicht mehr sieht, was sie sich selbst fortwährend antun läßt.

Unter einem anderen Blickwinkel bezeichnen die zwei Welten auch die Diskrepanz zwischen rationaler und emotionaler Wirklichkeitswahrnehmung. ›Wenn er weg ist, bin ich Kopf. Ich analysiere alles ganz klar und unsentimental. Ich weiß, ich muß was ändern, und wenn sich nichts ändern läßt, muß ich mich von ihm trennen. Wenn er da ist, bin ich Bauch. Plötzlich sehe ich wieder einen Sinn in allem, eine Bestimmung. Es ist verteufelt, und ich kann absolut nichts ändern.‹

Viele der Frauen leben über Jahre in einem Zustand, den sie für sich selbst immer nur als Übergangsphase definieren. Sie haben irgendeine ›wahnsinnige‹, ›klitzekleine‹ Hoffnung, ›daß sich irgendwann einmal alles ändert‹. Diese Hoffnung macht die außereheliche Beziehung so stabil.

Mit dem Wunsch nach Änderung könnten viele Ereignisse gemeint sein: Der Mann entscheidet sich für eine Ehe mit ihr, ihr läuft ein anderer Mann über den Weg, der sie befreit, plötzlich toleriert die Gesellschaft außereheliche Beziehungen (bzw. die Kirche die Priesterehe), es kommt zu einer schmerzlosen Trennung und so weiter. Da die Geliebte gelernt hat zu warten, da sie es verlernt hat, aktiv Rechte einzufordern, wartet sie auch ganz still und leise darauf, daß die Ereignisse ohne ihr Zutun eintreten. Die Gespräche mit langjährigen Geliebten aber zeigen: Von selbst geschieht nichts. Der Mann ist in den seltensten Fällen von sich aus in der Lage, Entscheidungen zu treffen oder auch nur Veränderungen herbeizuführen. Und er hat ja auch gar kein Interesse daran: Solange der Dreiklang harmonisch ist, liegt für Entscheidungen kein Grund vor. Er steht lange nicht unter solch einem unsäglichen Leidensdruck wie die Geliebte.«[12]

Ich liebte Jutta zu sehr, um ihr eine solche Lage zuzumuten. Sie hätte sie selbst auch nie akzeptiert. Als uns deshalb klar war, daß wir unser Leben und unsere geistliche Suche ganz miteinander teilen wollten, war uns auch beiden klar, daß wir öffentlich dazu stehen wollten. Dazu mußte keiner den anderen überreden. Es stellte sich eines Tages einfach als Selbstverständlichkeit heraus.

DER ZUG »NACH UNTEN«

Der Gedanke, meine Bindung an Kloster und Diözese aufzugeben, schreckte mich dabei überhaupt nicht.

Meinem Kloster war ich im Lauf der letzten neun Jahre entfremdet, und ich hätte wohl kaum wieder hineingepaßt. Mein Abt hatte mich ohnehin lieber weit fort gewußt, und eine klare juristische Lösung mußte in absehbarer Zeit gefunden werden, denn es ging auf Dauer nicht an, daß ich zwar Mitglied des Ordens blieb, aber faktisch nicht mehr darin lebte.

Von der Diözese hatte sich in neun Jahren niemand um mich gekümmert; nur einmal war ich zum Bischof

---

[12] Ebd., 145–151 in Auswahl.

vorgeladen worden, um die offizielle Zurechtweisung und Ermahnung entgegenzunehmen, einige der in meinem Buch »Wider den geistlichen Notstand« geäußerten Gedanken nicht weiter zu äußern und zu verbreiten.

Zum »Weltklerus« hatte ich mich nie richtig zugehörig gefühlt. Und nach neun Jahren beschäftigte mich zunehmend die Frage, ob mein Stil des Einsatzes und der Verkündigung noch besonders fruchtbar sei.

Obwohl meine Predigten immer noch viele Zuhörer anzogen, beschlich mich das Gefühl, in der Verkündigung *genug* gesagt zu haben und jetzt eigentlich wieder lieber den Mund halten zu sollen.

Die Botschaft, die es zu verkünden gilt, lautet: »Kehrt um, denn das Reich Gottes ist nahe.« Darin stecken ein verheißungs- und trostvoller Zuspruch (»Das Reich Gottes ist nahe«) und eine ernste Mahnung (»Bekehrt euch«). Nur beides zusammen macht die *ganze* Botschaft aus. Der *Trost* in vielfältiger Form ist bei den Menschen durchaus gefragt, und ich konnte unzählige Menschen trösten. Aber die *Mahnung* stumpft schnell ab, obwohl sie heutzutage angesichts des Ungleichgewichts zwischen »Erster« und »Dritter« Welt, angesichts unserer Rüstungsindustrie und der Energie-, Umwelt- und Klimakrise äußerst dringlich ist.

Ich hatte nach neun Jahren Verkündigung nicht den Eindruck, daß im Dorf jemand nachhaltig seinen Lebensstil geändert oder daß sich das öffentliche Bewußtsein gewandelt hätte. Wie hat schon Kierkegaard geschrieben? »Am Abendmahlstisch versammelte sich Christus, selber seit Ewigkeit dazu geweiht, das Opfer zu sein, zum letztenmal vor seinem Tode mit seinen

Jüngern, auch sie dem Tode oder der Möglichkeit des Todes weihend, wenn sie ihm in Wahrheit nachfolgten . . . Und jetzt ist die Feierlichkeit die: vorher und nachher durchaus weltlich leben. So hat das offizielle Christentum einige Sätze aus dem Neuen Testament, dieser Lehre von Kreuz und Qual und Grauen und Zittern vor der Ewigkeit, zum Anlaß genommen, auf frei dichterische Weise ein reizendes Idyll mit Kinderzeugen und Hopsasa zu komponieren, wo alles so fröhlich, so fröhlich, so fröhlich ist, wo der Pfarrer, als eine Art göttlicher Staatsmusikus für Geld das Christentum, diese Lehre vom Absterben, bei Hochzeiten und Geburten Musik machen läßt.«

Irgendwann mag man dann nichts mehr sagen und lieber selbst *das* einigermaßen konsequent tun, was man für richtig und verantwortlich hält.

Ja, mir kommt es heute problematisch vor, als Priester jahrzehntelang in ein und derselben Rolle stecken und immer auf die gleiche Art reden zu müssen. Im Bild: Als Kaplan mit siebenundzwanzig mit der Gitarre im Pfadfinderlager Feldgottesdienst zu halten, ist sinnvoll; aber als Pfarrer mit siebenundsechzig immer noch mit der Gitarre im Pfadfinderlager Feldgottesdienst zu halten, ist seltsam. Sich nie weiter und anders entwickeln zu dürfen, ist geradezu unmenschlich. Es wäre doch richtiger, einige Jahre lang den Mund halten zu dürfen, wenn man einfach nichts mehr sagen kann und will, statt immer weiter reden und die Rolle ausfüllen zu müssen. So freute ich mich regelrecht darauf, bald den Mund halten zu dürfen.

Eines jedoch fiel mir ungeheuer schwer: den vielen Menschen meiner Gemeinde, die mir ans Herz gewachsen waren und die mich in ihr Herz geschlossen hatten, offenbaren zu müssen, daß ich sie verlassen wolle. Ich machte mir sogar Illusionen, ich könne aus dem Priesteramt scheiden, aber mich dennoch weiter seelsorglich um sie kümmern und auch künftig in vielfältiger Weise das Leben der Gemeinde mitgestalten; schließlich wollte ich nur vier Kilometer weit wegziehen. Das wurde allerdings nach meinem Weggang ziemlich rasch Schritt um Schritt systematisch abgewürgt.

Grundsätzlich jedoch lag der Gedanke an einen neuerlichen »Ausstieg« ganz in der Spur meiner nun schon jahrzehntealten Suche nach dem armen, einfachen Leben, und Jutta teilte dieses Anliegen mit mir. Ja, es war geradezu verlockend, alles wieder einmal hinter sich zu lassen und bei Null anzufangen.

In meinem Abschiedsbrief an die Gemeinde, den ich dann am 3. September 1991 blitzschnell schreiben mußte, habe ich das so ausgedrückt:

»Mich reizt jetzt ganz besonders die Herausforderung, ohne Netz und doppelten Boden (d.h. ohne Absicherung durch Amt, Kloster, Kirche usw.) jene Armut, Einfachheit und Ausgeliefertheit im Glauben zu leben, die ich Ihnen schon immer gepredigt habe und zu der ich mich um so mehr verpflichtet fühle, seit ich die zahllosen Lazarusse vor der Tür unserer Wohlstandsgesellschaft hautnah kennengelernt habe.«

Drei Monate später erläuterte ich das einer entfernten Verwandten in einem Brief ausführlicher so: »Meine Berufung habe ich immer darin gesehen, ein Nachfolger Jesu zu werden, also ein Christ, und das sozusagen ›hauptberuflich‹. Alles andere in meinem Leben hat dem zu dienen und ist nur in dem Maß interessant, wie es das wirklich tut. Etwas anderes interessiert mich auch jetzt nicht ernsthaft.

Für diese Berufung nun bietet die Kirche bestimmte Lebensformen und Stände an.

Meine Beobachtung und hautnahe Erfahrung nach nunmehr fast dreißig Jahren darin ist die, daß diese Lebensformen und Stände zwar grundsätzlich auf die Heranbildung konsequenter Christen angelegt sind, aber de facto sich mehr oder weniger stark als Formen und Stände verselbständigt und ihre eigene Gesetzlichkeit entwickelt haben. Folglich sind sie in hohem Maß aus *Mitteln* zu *Zwecken in sich* geworden.

Der Stand hat eine derartige Eigendynamik, daß er dich an der Verwirklichung bestimmter Werte systematisch hindert, und zwar an der Verwirklichung von Werten, die mir wesentlich für die Nachfolge Jesu scheinen und zu denen ich mich ausdrücklich berufen fühle. Dazu gehören die Armut, die Einfachheit, das Ungesichertsein, der Abstieg in die Niedrigkeit und das ›unten‹-Sein und ›nichts‹-Sein (vgl. Philipper 2) u.ä. Paradoxerweise entkommst du für immer dem Armsein, dem Unsichersein, dem Unten-Sein und Nichts-Sein, wenn du in ein Kloster eintrittst oder Priester wirst. Von da an bist du immer – nicht bloß – ›Etwas‹, sondern sogar etwas ›Besonderes‹, und du bist für immer versorgt, gesichert, angesehen.

Als ich aus dem Kloster auszog, habe ich versucht, den Aufwand hinter mir zu lassen, mit dem man einen Lebensrahmen schafft, in dem man eine stilisierte ›Armut‹ leben kann. Das ist mir ein Stück weit gelungen, wenn auch nicht zufriedenstellend. Aber im Lauf der Jahre bin ich immer mehr aus dem Status des einfachen ›Bruders‹ der Menschen hinaufgehoben worden auf das Podest des ›Pfarrers‹, des beliebten Predigers, des Veranstalters attraktiver Gottesdienste, des Servicemannes für ›tolle‹ Familienfeiern aller Art: Taufen, Hochzeiten, Erstkommunionen . . . und sogar eindrucksvoller Beerdigungen. Du steigst gesellschaftlich, du steigst im frommen Ansehen ins Bild eines Heiligen und Verehrungswürdigen hinein, du wirst ins Übermenschliche verklärt, du wirst weggelobt und wegverehrt aus aller Normalität, du wirst für zahlreiche Frauen der Ersatz-Ehemann, der Ersatz-Bub, der Ideal-Mann angesichts aller anderen ›niederträchtigen Männer‹. Das fand ich auf die Dauer unerträglich.

Aber wie entkommst du der Mönchs-, der Priester-Rolle, wenn du erst einmal drinsteckst? Wie kommst du soweit, die Rolle ganz abzulegen und in aller Normalität und Unscheinbarkeit das zu leben, um was es im Mönchs- und Priestersein eigentlich geht: die nackte, ausgelieferte Nachfolge, den spontanen Gehorsam im Alltag (der im ›Stand‹ fast ganz erdrückt ist vom System, von Vorschriften und Pflichten und standesgemäßen Verhaltensweisen), die Heiligung der Welt, die Verbindung von Mensch und Gott, die gelebte Spiritualität?«

1988 war ich überraschend eingeladen worden, zeitweise – jedes Jahr zwei, drei Monate – bei einer eingeborenen Klostergründung in Togo beratend und ausbildend mitzuwirken. Das Neue daran war, daß die Gründer auf dem einfachen, armen Niveau der dortigen Bevölkerung bleiben wollten. Das hatte mich spontan fasziniert, und ich hatte mich darauf eingelassen mit der inneren Frage, ob das nicht der nächste Schritt meiner Berufung sei: radikal auf das dortige Lebensniveau abzusteigen und ganz in der sogenannten »Dritten Welt« arm und ausgeliefert zu leben. Aber deutsche Benediktiner haben diese Gründung schnell übernommen, abgesichert und ausgestattet – und mir wieder bestätigt, daß der kirchliche »Stand« unvermeidlich schnell in Wohl-Stand und Sicherheit führt und jedes Armutsideal korrumpiert. So bin ich dort zu den Armen der Umgebung ausgezogen, und daraus hat sich ein privates Hilfsprojekt entwickelt, dem ich jetzt viel Zeit und Einsatz widme. Aber ein gangbarer Weg zu einem einfacheren Leben hat sich dabei nicht aufgetan.

Im dem vorhin zitierten Brief habe ich weiter geschrieben:

»Ich bin (schließlich) so geführt worden, daß ich dem (Stand) ›entkommen‹ kann, indem ich eine Frau liebe und heirate. Das sage ich jetzt mit einem Augenzwinkern, denn da sind zwei selbständige Fäden – wie ich glaube, dank Gottes Vorsehung – zusammengelaufen und ineinander verwoben worden: die Liebe zu meiner Frau, die spontan, zweckfrei, um ihrer selbst willen da ist, ein Schatz in sich – und dann die beschriebene ›Klemme‹, dem ›Stand‹ um des authentischen Lebens willen wieder zu entkommen –, nicht um seine ursprünglichen Werte zu leugnen und sie abzuschütteln, sondern sie im Gegenteil wiederzufinden. Mit dem Akt meiner Heirat bin ich aus dem Stand rauskatapultiert wie mit einem selbstausgelösten Schleudersitz – eigentlich die einzige Möglichkeit, dem Ansehen und ›etwas Darstellen‹ um der Nachfolge Jesu willen zu entkommen. Denn wie Du weißt, gilt in der Kirche das Sich-Abgeben mit einer Frau und sogar die Ehe und Familie als das Allerniedrigste an ›Stand der Vollkommenheit‹ – so ›familienfreundlich‹ sich die Kirche auch gibt. Ich bin für die Kirche jetzt eine Null und für absolut nichts mehr zu gebrauchen.«

Eine Geschichte über Tschuang-tse bringt es amüsant auf den Punkt:

»Tschuang-tse angelte im Pu.

Der Fürst von Tsche sandte zwei Vizekanzler mit einem Dokument des Inhalts, Tschuang-tse sei zum Regierungschef ernannt.

Tschuang-tse hielt seine Angel ruhig in den Fluß und sagte: ›Man hat mir erzählt, es gebe eine heilige Schildkröte, die wurde vor dreitausend Jahren aufgeopfert und heiliggesprochen und vom Fürsten tief verehrt. In Seide eingeschlagen ruhe sie nun in einem kostbaren Schrein auf einem Hochaltar im Tempel.

Was meint ihr: Ist es besser, sein Leben aufzugeben und als heilige Hülle dreitausend Jahre in einer Weihrauchwolke verehrt zu werden, oder am Leben zu bleiben und als ganz gewöhnliche Schildkröte den Stummelschwanz durch den Schlamm zu ziehen?‹

Einer der Vizekanzler erwiderte: ›Für die Schildkröte ist es sicher besser, ihr Leben zu behalten und ihren Schwanz durch den Schlamm zu ziehen.‹

›Dann kehrt wieder um!‹ sagte Tschuang-tse, ›und laßt mich hier. Der Schlamm macht mir nichts aus.‹«[13]

Ich bin dann prompt in den »Schlamm« geworfen worden, denn seit dem Tag meines jähen Hinauswurfs am 6. September 1991 hat mich noch kein Vertreter der Amtskirche gefragt, ob und wovon ich materiell leben kann.

Mein unerwarteter Schritt in die Ehe erschien manchen Außenstehenden, die vielleicht mehr ihre Ideale in mich projizieren, als mich selbst kennenlernen und leben lassen wollten, wie eine Aufhebung und Annul-

[13] *Thomas Merton,* Sinfonie für einen Seevogel, Düsseldorf 1984, 70f.

lierung all dessen, was ich bisher gesucht und gelebt hatte. Tatsächlich sehe ich diesen Schritt als »Aufhebung« meiner seitherigen Lebensgeschichte – allerdings als *dialektische* Aufhebung hinein in eine neue Dimension: Alles, was mir wichtig und kostbar war, ist aufgehoben und hineingeborgen in mein jetziges Leben, das ich nicht anders denn als *glücklich* bezeichnen kann.

Ich träume in letzter Zeit nachts oft von meinem Kloster Mariawald. Nicht nostalgisch, nicht wehmütig, sondern im Gegenteil: versöhnt. Ich fühle mich dort, in den Anfängen meiner »ersten Liebe«, wie angekommen. Alles Kostbare, was ich dort gesucht habe, ist mir in meinem jetzigen Lebensstand neu und dichter, reifer wiedergeschenkt worden. Ja, ich fühle mich, uns als Verheiratete und »normale Weltmenschen« paradoxerweise meinen mönchischen Anfängen näher denn je, wenn ich – im Grunde ja wieder als »Prior« und »Novizenmeister« in einer vierköpfigen »Kommunität« – in Frieden »unter den Augen des göttlichen Zuschauers« koche und spüle und putze und an dem uralten Haus herumrenoviere, das wir gemietet haben. Ich fühle mich weiter als Priester, wenn ich die alltäglichen Dinge und mein ganz gewöhnliches Leben »konsekriere« und als »Sakrament« der Gegenwart des unendlichen Du zu glauben versuche, so wie Henoch, von dem (laut Martin Buber) »erzählt wird, er sei ein Flickschuster gewesen und habe mit jedem Stich seiner Ahle, der das Oberleder an die Sohle nähte, den Heiligen Gott mit der Einwohnenden Herrlichkeit verbunden«[14].

[14] *Martin Buber*, Des Baal-Schem-Tow Unterweisung im Umgang mit Gott, Köln 1970, 23.

Jetzt ist das befreit von allem künstlichen und privilegierten Drum und Dran, und ich brauche keine Klausurmauer, keine hundert Hektar Klostergrund, keine komplexe Ökonomie und keine Kutte mehr; aber jetzt ist das beseelt von jener »personalen Liebe«, die ich immer gesucht und nie gefunden hatte – nicht nur, weil andere daran »schuld« gewesen wären, sondern auch, weil ich noch nicht reif dafür gewesen war. Denn »jedes Werk ist leer, worin keine Liebe ist. Doch schaffet ihr mit Liebe, so bindet ihr euch selber, und aneinander, und an Gott.

Und was heißt mit Liebe schaffen?

Es heißt das Tuch weben mit Fäden, gezogen aus eurem Herzen, als solle eure Geliebte das Tuch tragen.

Es heißt ein Haus bauen mit Leidenschaft, als solle eure Geliebte darin wohnen.

Es heißt Samen säen mit Sorgfalt und ernten mit Freude, als solle eure Geliebte die Frucht verzehren.

Es bedeutet, alle Dinge, die ihr schafft, mit dem Atem eures Geistes füllen,

In dem Wissen, daß alle Seligen um euch stehen und Wache halten.«[15]

DIE LIEBE ZU CHRISTUS VERRATEN?

»Die Liebe packt den Menschen spontan und läßt ihn spontan reagieren. Die Liebe läßt alles andere fade werden. Alles außer ihr verschmäht sie. Sie wirbelt die Rangordnungen durcheinander, wirft Brauch und Her-

[15] *Kahlil Gibran,* Der Prophet. Wegweiser zu einem sinnvollen Leben, Olten–Freiburg 1975, 23f.

kommen über den Haufen, hält sich an kein Maß. Sobald sie auf den Plan tritt, kann sie über alles, was nach Vorteil, Verstand, Ziemlichkeit, Rat und Urteil aussieht, nur lachen und es ihrer Herrschaft unterwerfen.

Darum liebe ich, weil ich liebe. Ich liebe, um zu lieben.

Wahre Liebe ist sich selbst genug. Ihr Lohn besteht im Lieben selbst. Ihren Grund hat sie in sich selbst, und darum bedarf sie keiner Begründung.«

Das hat vor 850 Jahren mein Ordensvater Bernhard von Clairvaux geschrieben.

Meine Liebe hat »Brauch und Herkommen« der Ehelosigkeit »über den Haufen geworfen«. Das ist, neben einer grundsätzlichen Infragestellung der Hierarchie, das schlimmste Delikt, das man in der katholischen Kirche begehen kann, und man wird unverzüglich gefeuert.

Der »mystische« Gedanke, mit dem die Ehelosigkeit der Mönche begründet und der Zölibat der Priester gefordert wird, lautet, die Seele des zölibatären Menschen sei mit Christus als Bräutigam vermählt. Infolge dieser »geistlichen Hochzeit«, »Brautschaft« und »Ehe« sei Christus felsenfest die Mitte und der Halt des Zölibatärs; die Christusliebe sei sein unerschöpfliches Reservoir zum caritativen Lieben und Dienen.

Von da her gesehen, hätte ich im innersten Kern versagt und meine Christusliebe verloren, wäre folglich hohl und völlig unbrauchbar für jeglichen geistlichen Dienst geworden.

Aber ich kann das nicht so sehen. Natürlich liebt niemand Christus je genug; natürlich bleibt jeder hinter den schönsten Möglichkeiten der Gottesliebe zurück. Aber dennoch: Bis heute ist Christus meine große Liebe, und für mich ist die einzig wichtige Frage, was er von mir will und wie ich ihm ähnlicher werden kann. Seit ich verheiratet bin, ist das unsere gemeinsame Frage als Ehepaar.

Es mag Menschen gegeben haben oder geben, die mystisch mit Christus als Bräutigam »vermählt« waren oder sind. Das will und kann ich letztlich nicht beurteilen. Allerdings glaube ich, in vielen Fällen besteht da die Gefahr seltsamer, ans Pathologische grenzender Kompensationen, Projektionen und Illusionen. Energisch jedoch bin ich der Auffassung, als Begründung für ein Zölibatsgesetz ist diese Vorstellung von der »geistlichen Ehe«, die jegliche menschliche Ehe übertreffen und unnötig machen soll, eine welt- und realitätsfremde, völlig unrealistische Ideologie. Aus *solcher* hoher Christusminne lebt die überwältigende Mehrzahl der Priester und Ordensleute und auch Bischöfe nicht und kann es nicht. Sonst müßte das aus ihren Predigten und Verlautbarungen und ihrem Lebensstil spürbar und ansteckend hervorleuchten. Eine mystische Liebesbeziehung läßt sich nicht gesetzlich anordnen und institutionalisieren.

Bemerkenswert ist im übrigen, daß die ersten Generationen der Mönche meines Ordens, an ihrer Spitze Bernhard von Clairvaux, Wilhelm von Saint-Thierry und Aelred von Rievaulx, die Auffassung vertraten, selbst streng zurückgezogen lebende Mönche könnten nicht als Monaden ausschließlich auf ein göttliches Du hin leben, sondern seien darauf angewiesen, daß ihnen die Du-Haftigkeit des Seins und damit Gottes in einer herzlichen menschlichen Freundschaft erschlossen werde. Als im 17. und dann wieder im 19. Jahrhundert das Zisterziensertum (in der Form der Trappisten) in seinen äußeren Formen wiederhergestellt wurde, hat man diese Wahrheit allerdings übersehen.

Auf den Gedanken, der Gedanke des Zölibats unterstelle eine ideale »Christusminne«, hat mir jemand eingewendet, so »mystisch« deute man heutzutage den Zölibat ja durchaus nicht mehr. Nach Auskunft des Neuen Testaments sei die Ehelosigkeit eine Lebensform »um des Himmelreiches« willen. Bloß – was heißt das *konkret:* »um des Himmelreiches willen«? Um der »Sache Jesu« willen? Um einer neuen Lebensart willen? Um der Arbeit in der, für die Kirche willen? Um des Dienstes an den Menschen willen? Das alles ist weniger als die Hingabe an ein konkretes *Du,* das alles läuft in irgendeiner Weise auf eine »Verzweckung« und »Vermaterialisierung« des menschlichen Liebesvermögens auf einem unter-personalen Niveau hinaus. Meiner Überzeugung nach kann man auf die Hingabe an ein (menschliches) Du aber nur verzichten, um dafür etwas Gleichwertiges, nämlich die Hingabe an ein anderes – das göttliche – Du einzutauschen. Alles andere hat den Geschmack der Kompensation konkreter Liebe durch Leistung an sich. Zugegeben, das hat großartige Leistungen in der Menschheitsgeschichte hervorgebracht, aber man sollte den Preis sehen und bedenken. Mag das wählen, wer sich dazu berufen fühlt oder nicht anders kann; abfordern darf man das niemandem.

Ein Jesuitenprovinzial, der unlängst von einem jungen Mitbruder gefragt wurde, welchen Sinn nun eigentlich der Zölibat habe, hat die nüchterne Antwort gegeben: »Ich versuche zu glauben, daß mein Zölibat etwas mit Christus und seiner Nachfolge zu tun hat.«

Was er genauer damit zu tun habe, konnte er auch nicht sagen. Das war ehrlich, aber als Grundlage für einen ganzen Lebensentwurf ist das etwas dürftig.

Dennoch steckt natürlich im Gedanken der »Ehelosigkeit um des Reiches Gottes willen« das ernsthafte Anliegen, einen Berufsstand aus der flachen Diesseitigkeit und Bürgerlichkeit herauszureißen und auf den »Ganz Anderen« zu zentrieren. Während meiner Jahre an der Universität war heftig um die »Gott-ist-tot-Theologie« diskutiert worden. Das hatte ich damals als einen faulen Trick empfunden: Weil man mit einem transzendenten Gott nichts mehr anfangen konnte, hatte man ihn für immanent in der Welt erklärt, hatte die Vertikale einfach in die Horizontale umgeklappt, hatte erklärt, nur in der weltlichen Welt und im Mitmenschen finde man künftig Gott. In Wirklichkeit fanden ihn schon damals und finden ihn auch heute die meisten Menschen dort *nicht,* sondern redeten sich diese Erfahrung bloß ein. Ich glaube, man muß erst ein Gespür für seine Transzendenz bekommen, ehe man ihn in der Immanenz wahrnehmen kann.

Ich möchte aus diesem Grund die Jahre meiner Ehelosigkeit, meines Zölibats nicht missen. Sie hatten ihren spirituellen Sinn in der Phase meines Lebens, in der ich ausschließlich Gott kennenlernen und nichts anderes im Kopf haben wollte. Sie hatten ihren psychologischen Sinn, als ich meine Sehnsucht und Suche nach dem göttlich-menschlichen Du klären und präzisieren wollte und mußte. Sie hatten ihren praktischen Sinn, als ich grenzenlos für die Menschen da sein wollte. Die Ehelosigkeit hat ihren Sinn für mich allerdings in dem Maß zunehmend verloren, wie ich älter wurde und merkte: Bei meinem Versuch, immer mehr die Liebe zu lernen, konnte und wollte ich auch immer mehr Menschliches in diese Liebe integrieren, wollte diese Liebe zugleich noch einmal entschieden vertiefen und radikalisieren.

Richard Rohr sagte einmal: »Wer an den Geist rührt, findet zur Leibhaftigkeit. Wer leibhaftig bleibt, der rührt unvermeidlich an den Geist.«

Für mich ergibt sich daraus die Einsicht und Konsequenz, daß das Leben *Phasen* und *Stufen* kennt und daß es lebensfeindlich ist, den Menschen in einem einzigen Stand einzubetonieren. Es gibt im Fernen Osten Traditionen eines nicht lebenslänglichen Mönchtums: Nach Jahren der Formung als Mönche werden die Mitglieder als geistlich wache und mündige Menschen wieder ins Alltagsleben entlassen, gründen Familien, ergreifen »weltliche« Berufe, bleiben aber für immer geistliche »Söhne« (bzw. »Töchter«) ihrer spirituellen Tradition. Vielleicht läge auch für uns der Weg in dieser Richtung. Statt Alternativen aufzureißen, statt Gott nur in der Vertikalen oder nur in der Horizontalen (oder nur in einem verworrenen, unfruchtbaren Gemisch von beidem) zu suchen, statt hier lebenslange Pferche für Zölibatäre und dort Pferche für Verheiratete vorzusehen, scheint es mir sinnvoller, verschiedene Lebens- und Erfahrungsphasen hintereinander zuzulassen, jede mit ihrem eigenen Gewicht und ihren eigenen Grenzen, und die Summe von allen ergäbe die *ganze* Wahrheit und Form und Erfahrung.[16]

---

[16] Wie unser Gottesbild sich in jeder unserer Lebensphasen notwendig wandelt, und wie unsinnig es ist, die Bilder aus unterschiedlichen Phasen als Gegensätze und Anlaß zu endlosen konfessionellen Streitereien aufzufassen, habe ich in meinem Buch »Aufstieg in die Weite« (Freiburg 1992) ausführlich dargestellt.

Geistliche Reifung besteht unter anderem darin, daß der Mensch, in der Terminologie von Martin Buber gesprochen, aus der »Es«-haften Haltung den Menschen und aller Wirklichkeit gegenüber herauswächst und auf alle und alles als »Du« zuzugehen lernt. In der »Es«-haften Haltung sieht der Mensch alles als »Gegen-stände«, angefangen von Gott über Menschen bis zu den geringsten Dingen. Gegenstände sind aneinandergereiht. Jeder Gegenstand steht gegen den anderen, grenzt an den anderen. Ein Gegenstand schließt den anderen aus. Sieht man alles gegenständlich, grenzt auch eine Liebe die andere aus.

Wo aber »Du« erfahren und gesprochen wird, sieht man nicht abgegrenzte Gegenstände. Das »Du« grenzt nicht. Gehe ich auf einen Menschen als auf mein Du zu, so ist er kein Ding unter Dingen und nicht aus Dingen bestehend. Die Beziehung zu ihm durchwirkt mein ganzes Wesen. Das gilt auch für meine Beziehung zu Gott: Sie verdrängt nicht wie ein Gegenstand meine anderen Beziehungen, sondern durchdringt und verwandelt diese. Martin Buber wörtlich:

»In der Beziehung zu Gott sind unbedingte Ausschließlichkeit und unbedingte Einschließlichkeit eins. Wer in die absolute Beziehung tritt, den geht nichts Einzelnes mehr an, nicht Dinge und nicht Wesen, nicht Erde und nicht Himmel; aber alles ist in der Beziehung eingeschlossen. Denn nicht von allem absehen heißt in die reine Beziehung treten, sondern alles im Du sehen; nicht der Welt entsagen, sondern sie in ihren Grund stellen. Von der Welt wegblicken, das hilft nicht zu Gott; auf die Welt hinstarren, das hilft auch nicht zu ihm; aber wer die Welt in ihm schaut, steht in seiner Gegenwart. ›Hier Welt, dort Gott‹ – das ist Es-Rede; ›Gott in der Welt‹ – das ist andre Es-Rede; aber nichts ausschalten, nichts dahinterlassen, alles – all die Welt mit im Du begreifen, der Welt ihr Recht und ihre Wahrheit geben, nichts neben Gott, aber auch alles in ihm fassen, das ist vollkommene Beziehung.

Man findet Gott nicht, wenn man in der Welt bleibt, man findet Gott nicht, wenn man aus der Welt geht. Wer mit dem ganzen Wesen zu seinem Du ausgeht und alles Weltwesen ihm zuträgt, findet ihn, den man nicht suchen kann.«[17]

Von solchen Einsichten her, die dem Menschen im Lauf des Lebens zuwachsen und ihn fähig machen, in Freiheit, Güte und Heiterkeit immer mehr Wirklichkeit in sein Leben zu integrieren, statt sie »da draußen« zu lassen und sich gegen sie zu sperren; von solchen Einsichten her also wurde mir immer weniger plausibel, weshalb ich nicht auch ganz konkret einen Menschen, eine Frau lieben sollte, ja eigentlich um der größeren Ganzheit willen lieben mußte.

WARUM ZEIGT JESUS DEN EHELOSEN WEG?

Doch ich will noch einmal darauf zurückkommen, daß Jesus ausdrücklich von der Möglichkeit gesprochen hat, daß sich Menschen um des Himmelreiches willen »zur Ehe unfähig machen« (Mt 19,12). Das erscheint bei ihm noch nicht als der formelle »Rat«, den dann

---

[17] *Martin Buber*, Das dialogische Prinzip, Heidelberg ⁵1984, 80.

Paulus erteilte: »Ich wünschte, alle Menschen wären unverheiratet wie ich« (1 Kor 7,7).

Als Jesus-Wort wird dann ferner die Aussage überliefert: »Wenn die Menschen von den Toten auferstehen, werden sie nicht mehr heiraten, sondern sie werden sein wie die Engel im Himmel« (Mk 12,25).

»Himmelreich« und Ehe scheinen also in der Sicht Jesu wenn nicht in innerem Widerspruch, so jedenfalls in einer Spannung zueinander zu stehen. Warum?

Wohl deshalb, weil zu seiner Zeit »Ehe« nicht eine personale Liebesbeziehung zweier freier Personen war, sondern eine Form der Herrschaft von Menschen übereinander. Solches einander Besitzen und Beherrschen widerspricht jedoch den Verhältnissen im Reich Gottes. In der patriarchalen Männer-Welt unterscheidet sich bis heute das »Haben« und »Gebrauchen« einer Ehefrau wenig vom Haben und Gebrauchen eines Hauses, eines Feldes, eines Sklaven, eines Rindes oder eines Esels. Tatsächlich wird all das im Zehnten Gebot in einem Atemzug genannt (vgl. Dtn 5,21).

Paulus ist der beste neutestamentliche Zeuge für diese Sicht. Er fordert etwa die Männer auf: »Das ist es, was Gott will: eure Heiligung. Das bedeutet, daß ihr die Unzucht meidet, daß jeder von euch lernt, mit seinem Gefäß (damit ist die Frau gemeint!) in heiliger und achtungsvoller Weise zu verkehren, nicht in leidenschaftlicher Begierde wie die Heiden, die Gott nicht kennen, und daß keiner seine Rechte überschreitet und seinen Bruder bei Geschäften betrügt.« (1 Thess 4,3–6)

An anderer Stelle sagt er: »Die Zeit ist kurz. Daher soll, wer eine Frau hat *(hat!),* sich in Zukunft so verhalten, als habe er keine.« (1 Kor 7,29) Und weiter:

119

»Wer sich gegenüber seiner Jungfrau ungehörig zu
verhalten glaubt, wenn sein Verlangen nach ihr zu
stark ist, der soll tun, wozu es ihn drängt, wenn es so
sein muß; er sündigt nicht; sie sollen heiraten. Wer
aber in seinem Herzen fest bleibt, weil er sich in der
Gewalt hat und seinem Trieb nicht ausgeliefert ist,
wer also in seinem Herzen entschlossen ist, seine
Jungfrau unberührt zu lassen, der handelt richtig.«
(1 Kor 7,36–37)

Vorwiegend ist von der Frau als einem Gegenstand, einem Objekt des Mannes die Rede, und erörtert
wird, was er alles mit ihr anfangen will und darf. Daß
sie ein ebenbürtiger Mensch sein könnte, ja in der
Geschlechterbeziehung der sensiblere, verletzlichere
Teil; und was vielleicht *sie* will und darf, kommt nicht
in den Denk- und Überlegenshorizont.

In seiner »Historischen Psychologie des Neuen Testaments«[18] sagt der katholische und gewiß unverdäch-
tige Klaus Berger: »Wir können von Paulus nicht personale Aspekte erwarten, die zu dieser Zeit sprachlich
offensichtlich noch nicht erfaßbar waren . . . (Es) fehlt
bei Paulus auch jeder Bezug auf die Faszination sexu-
eller Beziehung zwischen Personen . . . Das, was wir
als ›menschlich‹ empfinden, das Sich-Öffnen für die
einfühlsame und phantasievolle Gemeinsamkeit, innerhalb derer dann nur noch diese Liebe gilt, genau
das kennt Paulus offenbar nicht . . . Paulus redet über
Sexualität, ohne ihr irgendein Geheimnis zu lassen . . .
Probleme der sexuellen Beziehungen (werden) abge-
handelt, als ginge es um Bestimmungen über Pfand-
recht. Paulus neigt zu einer durchgehend eigentums-

[18] Katholisches Bibelwerk Stuttgart 1991.

rechtlichen Betrachtung der Sexualität. Das Verhältnis in der Ehe (ist) ein wechselseitiges Herrschaftsrecht . . . Die menschliche Sexualität selbst wird von Paulus durchgehend als Triebhaftigkeit gewertet . . . unter dem Aspekt der Begierde . . .

Wer so ›sachlich‹ über Persönlichstes redet, verfährt in bestimmtem Sinne schamlos . . . (, und) wer die Triebhaftigkeit als den entscheidenden Aspekt der Sexualität ansieht, für den ist die lediglich triebhafte Sexualbefriedigung im Umgang mit der Dirne wohl der nächstliegende Gedanke. Oder anders gesagt: Askese und Hurerei liegen dort versucherisch nahe beieinander, wo der personale Aspekt der Sexualität fehlt. Denn dasselbe Defizit im personalen Bereich, das zur Askese führte, kann auch zur Hurerei Anlaß sein . . . Nur weil es diese Gefahr gibt, kann Paulus die Ehe als erlaubt und als nicht sündhaft darstellen.«[19]

Um der Sachlichkeit willen muß man einräumen, daß Paulus an einigen anderen Stellen eine Art Gleichberechtigung von Mann und Frau andeutet (z.B. 1 Kor 7,3–4). Aber das bleibt meist trotzdem in rechtlichen Begriffen und handelt von Verfügungsvollmachten über den Leib; es bleibt auf einem beschämend primitiven Niveau im Vergleich zu dem, was wir heute als eine seriöse Ehe in personaler Liebe und Partnerschaft verstehen und gelegentlich auch ein Stück weit gelungen leben. Und man muß leider sagen, daß die offizielle kirchliche Doktrin nur ganz langsam darüber hinauskommt.

Bis 1983 wurde im Kirchlichen Gesetzbuch die Ehe so definiert: »Der Ehekonsens ist eine Willenskundga-

---

[19] Ebd., 277 283 passim.

be, durch die jeder dem anderen das immerwährende und ausschließliche Recht auf seinen Körper (ius in corpus) überläßt, und zwar zu Akten, die ihrer Natur nach zur Zeugung von Nachkommenschaft geeignet sind.«[20]

Auch bei wohlwollendster Auslegung von Bibel und alten Texten bleibt die traurige Tatsache, daß in der patriarchalischen Tradition des Judentums, des Christentums und des Islam insgesamt eine trostlose, ja entsetzlich primitiv und frauen-entwürdigende Vorstellung von Ehe in Theorie und Praxis vorgeherrscht hat und bis heute vorherrscht. Darin ist die Frau Besitz des Mannes; zuerst des Vaters, dann des Gatten. Wer eine Jungfrau schändet, begeht streng genommen ein Delikt gegen das Eigentumsrecht ihres männlichen Besitzers: Dessen »Gefäß« bekommt dadurch sozusagen einen Kratzer oder Sprung und verliert an Wert.

In der christlichen Tradition war es bald zweitausend Jahre lang üblich, streng behütete, unaufgeklärte, nichtsahnende Mädchen bei der Eheschließung an oft ältere Männer zum legitimen sexuellen Gebrauch auszuliefern. Gut, in der Theorie mehr als in der Praxis hat die Kirche seit dem Mittelalter durchgesetzt, daß zu einer gültigen Eheschließung auch das freie Jawort der Frau gehören mußte, und langfristig hatte das seine positiven Auswirkungen. Aber dennoch: Was da halbe Kinder, die zwar geschlechtsreif, aber oft noch lange nicht körperlich voll entwickelt waren (von der seelischen Entwicklung ganz zu schweigen), in ihrer Hochzeitsnacht immer wieder erlebt haben, war nichts anderes als eine abscheuliche Vergewaltigung. Doch laut

[20] Alter CIC can. 1081 § 2.

Lehre der Kirche wurde all das als »heiliges Ehesakrament« abgesegnet, genau wie alle Geld- und Güterheiraten, und wurden die Frauen zu Opfergeist und Kreuztragen in Erfüllung ihrer ehelichen Pflichten ermahnt.

Es geht mir hier nicht darum, die Menschen vergangener Zeiten zu verurteilen. Ihre mangelnde Einsicht mag ein wichtiger mildernder Umstand sein. Es geht mir nur darum, deutlich zu machen, weshalb in den Augen Jesu, der für das »Himmelreich« ein völlig neues Ethos menschlichen Miteinanders vorsah und vorlebte, das, was er als »Ehe« vorfand, nicht als geeigneten Ort zur Verwirklichung dieses Ethos empfand. Daher sprach er von der Möglichkeit, um des Himmelreiches willen auf die Ehe zu verzichten. Sie war nicht der Ort jener menschlicheren, geschwisterlicheren Form der Lebensgemeinschaft, die er begründen wollte. Und in vielen Ländern – ich habe das selbst in Togo beobachtet – bedeutet heute noch der Klostereintritt vor allem für Frauen eine ganz praktische und wohltuende Befreiung von der Erniedrigung und Ausbeutung in der Ehe.

Nun gibt es aber heute zum Glück Formen von Ehe, die dem Ethos Jesu entsprechen. Und ich bin der festen Überzeugung, daß *solche* Ehen durchaus dem nahekommen, was im »Himmelreich« gelebt werden soll. Ja, ich persönlich habe erfahren und erfahre es immer neu, daß in meiner Ehe ein wesentlich kostbareres menschliches, geschwisterliches Miteinander im Sinne Jesu möglich ist als in den geistlichen Gemeinschaften, die ich von innen und außen kennengelernt habe. So fühle ich mich nicht weiter vom »Himmelreich« entfernt, seit ich geheiratet habe, sondern ihm eher ein gutes Stück näher.

DEN GLAUBEN VERLOREN?

Der radikalste Vorwurf gegen einen Mönch und Priester, der eines Tages heiratet, lautet: »Du hast deine erste Liebe verraten, du hast den Glauben verloren.« Papst Paul VI. nannte am Gründonnerstag 1966 die verheirateten Priester »neue Judasse«. Kardinal Meisner äußerte im November 1992 in einem Interview, Priester, die heirateten, dispensierten sich eigensüchtig von »der Radikalität der eigenen Christusnachfolge« und offenbarten »einen erschreckenden Mangel an Glaubenswissen und auch an Glaubenserfahrung«.[21]

Gewiß, die Tatsache, daß jemand seine erste Liebe und seinen Glauben verloren hat, kann sich in einem solchen Schritt äußern. Aber es dürfte nicht wenige Fälle geben, wo jemand seine erste Liebe und seinen Glauben verloren hat und im Amt *bleibt,* obwohl es ehrlicher wäre, das nicht zu tun.

In der Theorie des Ordens- und sogar Priesterlebens wird betont, Armut, Ehelosigkeit und Gehorsam gehörten innerlich untrennbar zusammen. Das sagt sogar Kardinal Meisner. In der Praxis wird aber nur *der* unerbittlich gemaßregelt und ausgegrenzt, der die Ehelosigkeit aufgibt. Wer der Armut untreu wird oder wer zu keinerlei Gehorsam gegenüber dem Evangelium, dem Gebot der Stunde und den Nöten der Menschen mehr fähig ist, bleibt in Stand und Würden. Aber wer sieht schon ins Innerste eines Menschen? Wer ist berechtigt, dem anderen den Glauben abzusprechen?

Es wäre sicher verkehrt, wenn ich »beweisen« wollte, daß *ich* durchaus den Glauben, und womöglich den

---

[21] Zit. von *Georg Denzler,* Die Geschichte des Zölibats, Freiburg 1992, 193.

richtigeren, habe. Jeder neigt zur wohlwollenden Interpretation seiner selbst, jeder hat blinde Flecken, verdrängt Aspekte. Der Glaube bleibt ein spannendes Wagnis. Ich bin bereit, es einzugehen. Und ich erzähle in diesem Buch, wie ich subjektiv wesentliche Züge meines Lebens erfahre, sehe und deute.

Wogegen ich bei dieser Gelegenheit energisch Einspruch erheben möchte, ist die pauschale Kriminalisierung aller, die den Priester- und/oder Ordensstand aufgeben und heiraten. Viele ganz Fromme sagen: »Gut, sollen solche Leute halt gehen. Aber sie sollen möglichst weit fortziehen und nie mehr den Mund aufmachen. Denn die haben Dreck am Stecken.« Ich weiß aus eigener Erfahrung, was dann alles inszeniert wird: Da wird zu Verdächtigungen und massiven Verleumdungen gegriffen, da wird rückwirkend alles, was der Betreffende getan hat, als schon immer madig schlechtgemacht. Oder andere – vor allem Frauen – wollen nicht glauben, daß der von ihnen idealisierte und ins Übermenschliche erhobene Priester so menschlich sei; es wäre für sie der Bruch eines Tabus, auf ihn böse zu sein, und so projizieren sie Enttäuschung, Zorn und Wut auf die Frau, die in ihren Augen nur eine niederträchtige Hexe und Verführerin sein kann. So geben sich Menschen, die sich als besonders fromm vorkommen, geradezu hemmungslos jenem »Richten« und »Verurteilen« hin, das uns Jesus ausdrücklich verboten hat (siehe Mt 7,1–5). Woher stammt eine solche bittere Aggression und wütende Enttäuschung? Ich kann mir – analog – nicht vorstellen, daß ein glücklich verheiratetes Paar sich von jemandem, der sich scheiden läßt, derart beleidigt fühlt, bedroht, in Frage gestellt oder übervorteilt, wie das viele Zölibatäre und ihre Anhänger gegenüber denjenigen äußern, die den Zölibat aufgeben und heiraten.

Dem will ich schlicht die Schilderung entgegenstellen, wie *ich* es von innen her sehe und deute. Und ich kann sagen, daß ich meinen seitherigen Weg als eine intensive *Glaubenserfahrung* empfunden habe, als eine innerlich sehr sinnvolle; denn nur wer den Christus im eigenen Herzen entdeckt hat (das war meine Mönchs- und Priesterzeit), kann auch den Christus im anderen wahrnehmen. Paradoxerweise fühle ich mich der Verwirklichung meiner mönchischen Berufung und meinen geistlichen Anfängen heute näher als vor zehn, fünfzehn Jahren.

Ja, an entscheidenden Stellen meines Lebens habe ich den Ruf gehört, alles Bisherige hinter mir zu lassen und ins Ungewisse und Unsichere aufzubrechen, um das reichere, erlöstere, freiere Leben zu suchen und *dem* näherzukommen, der sagt: »*Ich* bin der Weg, die Wahrheit und das Leben.« (Joh 14,6), und: »Ich will, daß sie das Leben haben, und es in *Fülle* haben.« (Joh 10,10) Wiederholt habe ich geradezu traumatische Loslösungs- und Geburtsängste durchstanden, bis ich es fertiggebracht habe, mich fallenzulassen. Und dann habe ich erlebt, wie ich aufgefangen werde und nicht meine schlimmsten Ängste wahr werden, sondern ich meinen kühnsten Träumen näherkomme. Das ist ein einziges wunderbares Abenteuer des Glaubens und Wagens. Meiner Überzeugung nach ist es das *wesentliche* Abenteuer, zu dem uns jeglicher reifer Glaube ertüchtigen will.

Ich halte die *Keuschheit* als spirituelle und menschliche Grundhaltung nach wie vor für wesentlich. Sie ist die Frucht von Gehorsam und Armut. Die Frucht der Gegensätze davon, also die Frucht von Macht und Reichtum, ist die Unkeuschheit, das Vergewaltigen von Menschen, Natur und Dingen. Ich kann aus eigener Erfahrung und Beobachtung sagen, daß man als Eheloser sehr »unkeusch« und als Verheirateter sehr »keusch« leben kann. Es ist einfältig, diese spirituelle Grundhaltung kurzschlüssig an einen bestimmten Lebensstand und an die Biologie zu binden, zumal wenn darin Gehorsam und Armut praktisch vernachlässigt werden und überwiegend doch eher subtile und handgreifliche Formen von Macht und Reichtum kultiviert werden.

Was die Frage der *Treue* betrifft, bin ich der Überzeugung, daß ein qualitativer Unterschied besteht zwischen dem Gelübde, einen bestimmten Lebens*stand* beizubehalten, und dem Versprechen, einem *Menschen* in der Ehe die Treue zu halten. Die Bindung an einen Menschen ist von *personaler* Qualität und engagiert mich im Tiefsten. Die Bindung an eine Institution (oder ein Kollektiv, die vielbeschworene und in der Praxis eher eine blutleere Ideologie bleibende »Gemeinschaft«) ist dagegen etwas viel Flacheres, und ich bin nicht mehr bereit, mich ihr auf Gedeih und Verderb auszuliefern. Sie fordert alles und gibt wenig. Ich habe neun Jahre im Dorf gelebt und mich im Dienst der Kirche eingesetzt, und weder Abt noch Bischof – die Vertreter der Liebes-Gemeinschaft – sind jemals auf die Idee gekommen, mich zu fragen, wie es mir geht. Als ich das »Delikt« beging, meinen Heiratswunsch zu äußern, schlug ihr Apparat binnen weniger Tage zu und wollte dann wieder nicht mehr wissen, wie es mir geht. Da habe ich »Amtskirche« in Reinkultur erlebt.

Doch in meiner Ordensprofeß habe ich *Gott* meine Liebe versprochen, und an dieser Liebe halte ich fest. Auch wenn meine Ehe in den Augen der Kirche gar nicht existiert und sie es für Tugend hielte, sie abzubrechen, verleiht die Liebe Gottes unserer Gemeinschaft sakramentalen Charakter und macht sie durchsichtig auf die Liebe Gottes hin.

Herkömmlicherweise wird das ehelose Leben als ein besonders opfervolles, riskantes Leben dargestellt. In Wirklichkeit kann man es auch wählen und dazu verwenden, sich das Wagnis, die Opfer, die Selbstverleugnung zu ersparen, die jedes endgültige Sich-Einlassen auf einen Menschen mit sich bringt.

Im Kloster gilt das Sich-Zurückziehen und -Abschotten als Tugend, das Zeithaben für sich selbst als Recht; in »Welt« und Familie, so erlebe ich jetzt, muß man sich ständig Vorwürfe anhören und sich entschuldigen, wenn man gern daheimbleibt, statt tausend Kontakte und pausenlos Geselligkeit zu pflegen.

Die Institution, die Theorie, die äußeren Verhältnisse, in denen man sich als Eheloser birgt, fordern nicht unser Innerstes, sondern nur ein gewisses Maß an Anpassung. In der Familie ist man im Vergleich dazu einer viel unentrinnbareren Katharsis ausgesetzt. Die tabulose Infragestellung und erbarmungslose Entlarvung aller Schwächen, Scheinheiligkeiten und Inkonsequenzen, die dem Familienvater seine pubertierenden Sprößlinge gratis jeden Tag bescheren, lernt der Ehelose in der Form nie kennen.

Der »Gehorsam« und die Verfügbarkeit, die beiden Elternteilen ganz selbstverständlich rund um die Uhr abverlangt werden, stellt den »Gehorsam« weit in den Schatten, der in Kloster und Kirchenamt als öffentlich

gepriesene Tugendübung vorgesehen ist. Ganz abge-
sehen von der demütigenden Erfahrung, ständig zu
versagen, denn (wie eine Freundin meiner Frau tref-
fend formuliert hat) als Mensch kommst du immer
wieder an deine Grenzen, als Mutter/Vater täglich
mehrmals. Im Vergleich dazu sehen die klösterliche
Lebensordnung und das zölibatär verfaßte Einzelgän-
gertum ungemein viele Nischen vor, in denen man
sich vor jenem Totalanspruch auf Selbstverleugnung
verstecken kann, der in der Familie gefordert ist. Unlängst hat jemand gesagt: »Viel größer als der Unterschied zwischen Mann und Frau ist der Unterschied
zwischen Menschen mit Kindern und Menschen ohne
Kinder.«

Wenn man ohne Kinder sein will, um dadurch in
Stille und Alleinsein bestimmte Erfahrungen vertiefen
zu können, mag das sinnvoll, ja notwendig sein. Nicht
sinnvoll, ja verkehrt scheint es mir jedoch, einem solchen Entschluß einen außergewöhnlichen Grad an
Heroismus, Opfer und Verdienst zuzuschreiben, wie
das traditionell in der katholischen Kirche geschieht.

Das Leben ist ein Weg, kein Stand

Daß im Lauf der Geschichte immer wieder Menschen
in feste, unveränderliche Schubladen eingeordnet und
gesperrt worden sind, in Stände und Kasten, ist ein
kulturgeschichtliches Phänomen, aber, soweit ich
sehe, keine Notwendigkeit, die sich aus dem Neuen
Testament ergibt.

Eine unserer größten Schwierigkeiten mit dem Neu-
en Testament, etwa mit der Ethik und der Praxis der

Bergpredigt, ergibt sich daraus, daß Jesus, seine ersten Jünger und Paulus der Meinung waren, die bestehende Weltordnung dauere nicht mehr lange; in wenigen Jahren werde sie zusammenbrechen. Aus dieser Grundüberzeugung heraus haben sie ihre Ratschläge und Anweisungen formuliert: nicht ängstlich für die Zukunft vorzusorgen, nicht mehr zu heiraten, alles nur noch zu haben, als habe man es nicht. Wenn man nur noch ein, zwei Jahre zu leben hat, kann man alle diese Anweisungen ganz gut befolgen. Die Lebensform, die uns Jesus in seinen zwei, drei Jahren öffentlichen Auftretens vorgelebt hat, läßt sich allerdings wohl kaum fünfzig, sechzig Jahre lang unverändert führen und zum unabänderlichen *Stand* machen. Ist das nicht ein grundlegendes Problem der ganzen Kirche, deren Vertreter sagen mußten: Die Welt geht doch nicht so schnell unter, und jetzt müssen wir halt doch etwas Langlebigeres einrichten, müssen unsere Gemeinschaft auf Zukunft anlegen, müssen Strukturen entwickeln, die Jesus nicht vorsehen konnte und wollte, und wir müssen das versuchen, ohne seinem Geist untreu zu werden.

Eugen Drewermann hat meiner Auffassung nach diese Problematik im ersten Band seines Matthäus-Kommentars gut erörtert. Aber leider greifen die Vertreter der Kirche solche radikalen Infragestellungen ihrer Lebens- und Ämterpraxis nicht auf; sie entdecken beim Autor theologische Unschärfen und veranstalten darüber akademische Symposien, bei denen die Diskussion um ihre eigene Existenz und Lebensform säuberlich aus dem Spiel bleibt.

Was Jesus gelehrt und gesagt hat, stellt die dauernde Anfrage an uns dar, was wir in unserem Leben ändern können und wollen. Das ist kein einmaliger Anstoß, der dann unmittelbar zur Etablierung einer bestimmten festen Lebensform inspiriert. Nein, unser Leben lang müssen wir uns im Gespräch mit ihm unseren Weg suchen, nie sind wir fertig und »in Ordnung«. Es ist eine Illusion, zu meinen, mit der Einrichtung von Ständen, in denen man dann bloß noch zu verharren brauche, lasse sich diese Frage ein für allemal lösen – auch wenn die Versuchung und Verheißung groß ist, das endlose Fragen und Suchen gegen eine »endgültige«, »sichere« Lösung einzutauschen.

Vor zwanzig Jahren hätte ich gesagt: Der Mönch bleibt äußerlich lebenslang an *einem* Ort, weil er konzentriert eine *innere* Reise antreten will und immer mehr *Tiefe* statt äußere *Veränderung* sucht. Daran ist viel Wahres und Fruchtbares. Aber heute muß ich sagen: Diese Vorstellung trennt ungebührlich stark das Innere und das Äußere – so, als blieben innere Prozesse ohne Folgen für die äußeren Umstände. Jahrelang war das die Mundtot-Mach-Taktik, wann immer ich auf eine äußere Änderung drängte: »Du mußt erst dich selbst ändern (rein innerlich), ehe du etwas Äußeres verändern kannst! Nimm die äußeren Probleme als Anlaß, tiefer zu gehen, reifer zu werden! Werde erst selbst vollkommen (was ich natürlich nie werde), ehe du deine Umgebung zu ändern anfängst (womit diese ewig ihre Ruhe vor mir hat)!« In Wirklichkeit ändert sich auch das äußere Leben, wenn im inneren Leben wichtige Veränderungen stattfinden. Der Mensch ist eine Einheit aus Geist und Leib.

Richard Rohr hat einmal gesagt: »Spirituelles Wachstum besteht darin, daß man bereitwillig seine Idealvorstellungen gegen die wirklichen Bilder ein-

131

tauscht. Das ist eine endlose Bekehrung, eine Selbst-
entblößung, mit der man nie an ein Ende kommt. Man
muß dabei alle Vorstellungen von sich selbst, von
anderen und von Gott, die man selbst entworfen hatte
und die nur im Dienst des eigenen Ich gestanden hatten, fahren lassen. Wer lieber die Idealvorstellungen
verehrt, statt sich auf die Wirklichkeit einzulassen,
bleibt in seinem spirituellen Wachstum schlicht und
einfach stehen.«[22]

Dabei finde ich, die Grundrichtung des Weges mit
Jesus ist eindeutig: Es ist ein Weg *abwärts,* keine
Karriere nach *oben.* Ich habe immer wieder versucht,
diesen Abwärtskurs einzuhalten, und fühle mich dabei
gut.

Die christliche und alle anderen mystischen Traditionen, von denen ich gelesen habe, leiten grundsätzlich nicht zu einem elitären Stand »Erfahrener« hin,
sondern weisen eindeutig zurück in den Dienst und
Alltag eines Lebens, in dem man nichts *anderes* als
alle anderen Menschen tut, aber *alles anders,* bewuß-
ter, wacher. Als Hausmann in einem Vier-Personen-
Haushalt fühle ich mich da bodennah im Element.

»Ganz daheim in meinem Alltagsleben,

Wird selbst das Kehren mir zur Wonne!«
lautet der Spruch eines Zen-Mönchs, der den Frieden
gefunden hat.[23] Nicht nur geistlich, sondern auch praktisch habe ich dafür in meiner Klosterzeit eine vielfältige und jetzt äußerst wertvolle Ausbildung erfahren.

Mit meiner Frau Jutta und ihren beiden Kindern aus
erster Ehe, Katia (16 J.) und Mauricio (14 J.), gestalte

---

[22] Das zündende Wort, Freiburg 1993, 208.
[23] Zit. von *Katsuki Sekida,* Zen-Training, Freiburg 1993, 119.

ich ein Familienleben, das wir alle vier genießen. Wir können vieles an unserem Lebensstil so einrichten, wie wir uns das vorgestellt haben und wie wir es aus Liebe zum Evangelium anstreben. Unsere wichtigste Aufgabe in den kommenden Jahren wird darin bestehen, unsere Kinder in die Selbständigkeit hinaus zu begleiten. Und wir stecken einen guten Teil unserer Zeit und unserer Mittel in unser Togo-Hilfsprojekt.

Meine Frau und ich spüren dabei, daß wir noch lange nicht in einer Endphase und -form unseres Lebens angekommen sind. Wir werden sicher noch weitere, neue Lebens-Schritte geführt werden und neue Räume betreten. Aber von jetzt an gemeinsam. Das stärkt ungemein.

GANZHEITLICHE LIEBE

Soweit ich sehe, lautet derzeit eine der herausforderndsten Fragen an unsere christliche Tradition der Mystik: Sieht diese Mystik die Liebe zwischen Menschen vor – nicht nur als Mittel oder Zwischenstufe oder Frucht, sondern als *Ort* authentischer Gottesbegegnung und -erfahrung? Und zwar die ganzheitliche Liebe mit Seele und Leib, mit Eros und Sexualität?

– Dabei ist die Frage längst klar und bejaht, ob Liebe und Mystik zusammen-, ja ineinander gehören. Der kritische Punkt ist unser *Begriff von Liebe*.

Er ist in der Tradition der Kirche weitgehend von Augustinus geprägt, der im Wesentlichen sagt: Wir dürfen nur *Gott* um seiner selbst willen lieben; alle anderen Dinge – und auch die Menschen – sollen wir lediglich als Stufen benützen, um vom Geschaffenen zum Schöpfer emporzusteigen. Das ist eindeutig »Es-Rede« im oben zitierten Sinn von Martin Buber: Gott, Mensch, Welt als »Gegen-stände«, die einander gegenüber-stehen und gegenseitig ausgrenzen.

Nun fand Augustinus allerdings in der Bibel das unzweideutige »Doppelgebot«, das besagt, der Mensch solle auch »seinen Nächsten lieben wie sich selbst« (Lev 19,18; Mt 19,19). Augustinus vereinbarte das mit seiner Vorstellung, indem er die Lehre vom »ordo amoris« entwarf und sagte: Der Mensch solle die Geschöpfe in einer klaren Abstufung lieben, jedes entsprechend seinem Rang in der Hierarchie der Wesen. »Ungeordnete Liebe«, die etwas »Niedrigeres« mehr liebt als etwas »Höheres«, sei die Quelle aller Sünden, »geordnete Liebe« dagegen führe den Geist über die erschaffene Güte und Schönheit hinaus zum höchsten Gut, zu Gott.

Man sollte meinen, dann sei es ja wohl im Sinn dieser Lehre eines stufenweisen Aufstiegs der Liebe, wenn der Mensch damit anfinge, Dinge, Güter, Pflanzen, Tiere zu lieben, dann allmählich darüber hinaus aufstiege zur Liebe zu einem Menschen, und schließlich der Erfahrung dieser Liebe aus die höchste Liebe, die zu Gott, entdecke. Ja, es erschiene dann am gesündesten, jeder Mystiker wäre zuerst einmal verheiratet und würde dann, in der Spätphase seines Lebens, zu einer Art Mönch oder Zölibatär – was ein Partner infolge des Todes des anderen ja ohnehin wird –, und dem würde dann Gott allein genügen. Es gibt fernöstliche Traditionen in diesem Sinn, etwa im Hinduismus. Aber Augustinus sah das mitnichten so vor. Nein, die Liebe zu Menschen, zumal die erotisch-sexuelle Liebe, war in seinen Augen zu »gefährlich«.

134

Allzuleicht konnte der Mensch daran kleben bleiben und nicht weiter aufsteigen zum höchsten zu liebenden Gut. Folglich mußte diese Stufe ausgeklammert, übersprungen werden. Erst wer Gott fest und treu liebte, durfte sich von ihm zeitweise ein wenig abwenden, um die vom Evangelium gebotene Nächstenliebe zu praktizieren.

Solche Nächstenliebe sollte aber keine Liebe auf Gegenseitigkeit sein, also nicht das, was wir heute als »partnerschaftliche« Liebe bezeichnen. Nein, es sollte lediglich einbahnig und selbstlos »caritas« sein, »schenkende Liebe«. Als Vorbild dafür wurde Gott vorgestellt, der sich uns auch schenkt, und zwar ganz einseitig, »aus Gnaden«. Diese Art Liebe blieb also vom Ansatz her Wohlwollen, Mitleid, Barmherzigkeit. Sie war nicht als wechselseitige Bereicherung vorgesehen, als Liebesbeziehung, als Hingabe und Ekstase in ein menschliches Du hinein, die nicht mehr einseitig aufkündbar gewesen wäre. Folglich ist der Zölibatär gedacht als jemand, der endlos Liebe verschenkt, aber selbst keine menschliche Liebe braucht, denn er zehrt ja von seiner Gottesliebe. Und aus der Liebe, die er verschenkt, soll er sich selbst heraushalten, um sich nie an jemanden zu binden oder sich letztverbindlich zu engagieren. Damit bleibt er jederzeit auswechselbar – was für die Kirche wiederum sehr praktisch ist.

Betont wurde folglich in der christlichen Tradition die *Selbstlosigkeit* der christlichen Liebe. Liebe war ein *Willensakt des Individuums,* eine Tugendübung in Befolgung des Liebes*gebotes* des Herrn. Ihr »Wert« bestand in der einseitigen Hingabe des Liebenden; die Antwort des Geliebten war unerheblich. Mehr noch: Je widerwärtiger das Objekt der Liebe war, desto größer das Selbstopfer, und folglich desto eindeutiger und größer das Verdienst und die Tugend. Da gibt es natürlich nie einen Grund zur Ehescheidung, sondern je höllischer die Ehe wird, desto verdienstlicher wird auch das Durchhalten.

Eine solche Auffassung von »Liebe« kommt mir jämmerlich und kläglich vor. Es ist merkwürdig, daß in der christlichen Tradition, in der man doch stolz auf die Entwicklung einer »personalistischen« Sicht des Menschen ist, eine derart unterbelichtete, einer reifen Persönlichkeit unwürdige Vorstellung von »Liebe« kultiviert werden konnte. Sie weiß nichts vom Entzükken, vom Hingerissensein, von der Ekstase einer ganzmenschlichen, vollpersonalen gegenseitigen Liebe – oder, schlichter, alltäglicher, von der Geborgenheit in einem verläßlichen Du und von der Gnadenerfahrung, so geliebt zu werden, wie man ist. Eine auf den Gedanken der Selbstverleugnung fixierte Liebes-Theorie ist überdies gefährlich dazu angetan, den Menschen in ein pausenloses Opfern und Leisten hineinzupeitschen, aus dem unbewußten Bedürfnis, sich zu versichern, daß man etwas tauge und wenn nicht *ge*liebt, so doch wenigstens *be*liebt sei. Und dieser einseitig unter dem Vorzeichen des »Opfers« lebende Mensch wird allzuleicht versucht sein (vielleicht aus einer uneingestandenen Rachsucht gegenüber allen, die es leichter und unbeschwerter zu haben scheinen), auch anderen Menschen »Opfer« aufzuerlegen, statt ihnen Erlösung und Freude am Dasein zu erschließen.

Es gibt nun in jüngsten geistlichen Bewegungen eine radikale Infragestellung dieser Tradition und zugleich Ansätze, Leib, Eros und Sexualität in die mystische Lehre und Praxis zu integrieren.

Frühester und wichtigster Inspirator dieses Neuaufbruchs dürfte der französische Jesuit Pierre Teilhard de Chardin sein. Er machte sich bereits 1934 Gedanken über die »Evolution der Keuschheit« und notierte: »Je mehr ich nachdenke, um so weniger gelange ich dahin, die Idee . . . absurd zu finden, daß wir schließlich eine andere Art zu lieben finden werden. – Die geistige Fruchtbarkeit mehr und mehr an die Stelle der materiellen Fruchtbarkeit setzen – und schließlich *durch sie allein* die Vereinigung rechtfertigen. Vereinigung für das Kind. Aber auch Vereinigung für das Werk, Vereinigung für die Idee? Warum nicht? . . . Dieser geistige Gebrauch des Fleisches, ist es im Grunde nicht der, den, ohne die Moralisten zu fragen, viele wahrhaft schöpferische Genies instinktiv entdeckt und angewandt haben? Ist aus diesen sogenannten unreinen Quellen nicht ein Leben geschöpft worden, von dem sich sogar in diesem Augenblick die Konservativsten unter uns nähren?«[24]

Teilhard beschäftigte nachhaltig der Gedanke, es ließe sich »auch die körperliche Vereinigung im Namen des Geistes als Ausdruck der Liebe und als Aufstieg zu Gott« verstehen.[25] »Sich der Leidenschaft bemächtigen, um sie dem Geist dienstbar zu machen, wäre . . . eine der Bedingungen des Fortschritts . . . Eines Tages, nach dem Äther, den Winden, den Meeren, der Gravitation, werden wir für Gott auch die Energien der Liebe einfangen. – Und dann wird der Mensch zum zweitenmal in der Weltgeschichte das Feuer gefunden haben.«[26]

[24] *P. Teilhard de Chardin,* Briefe an Frauen, hrsg. von G. Schiwy, Freiburg 1989, 27.
[25] Ebd., 28.
[26] Ebd., 29.

»Die Größe und Reinheit der Liebe mißt sich demnach daran, wieviel Materie sie zu vergeistigen vermag, wieviel Leiblichkeit sie integriert als Ausdruck geistiger Hingabe.«[27]

Ein zeitgenössischer Autor, Raimon Panikkar, hat 1982 in seinem Buch über »den Mönch als universalen Archetyp«[28] geschrieben: »Die monastische Erziehung und Bildung behandelte . . . den Menschen durchweg als asexuelles Wesen. Sollten sich die sexuellen Bedürfnisse doch einmal melden, müsse man sie überwinden, indem man sie einfach nicht beachtet, und falls dies seinen Preis fordere, so sei das, so die Überlieferung, ein fruchtbares Opfer, das den Mönch auf eine höhere als die bloß biologische Lebensstufe erhebe.

Die heutige monastische Spiritualität versucht – mit unterschiedlichem Erfolg – den geheiligten Sinn der Geschlechtlichkeit und die positive Bedeutung der menschlichen Sexualität neu zu entdecken. Die Bedeutung zeigt sich, sobald wir mit unseren eigenen Grenzen konfrontiert werden und erkennen müssen, daß wir einer exogenen Ergänzung bedürfen, nicht nur einer rein endogenen. Es scheint, daß wir auf *jemand* anderen und nicht nur auf *etwas* anderes angewiesen sind. Wer spürt nicht sein Verlangen nach Intimität, gegenseitigem Austausch, Freundschaft und Liebe – nicht als Zerstreuung und Ablenkung vom eigentlich Notwendigen, sondern (zunächst) als dessen Spur, Vorschein und Anreiz und (schließlich) als sein Höhepunkt? . . .«[29]

---

[27] Ebd., 26 (Schiwy, Teilhard zusammenfassend).
[28] Deutsch: Den Mönch in sich entdecken, München 1989.
[29] A.a.O., 113f.

Mit der »endogenen« Ergänzung, die Panikkar hier als unzureichend bezeichnet, ist gemeint, der Mönch solle versuchen, in seinem *Inneren* das »Weibliche« zu entdecken und mit dem »Männlichen« in Harmonie zu bringen (und umgekehrt solle die Klosterfrau das »Männliche« in sich entdecken und integrieren). Dazu leitet zum Beispiel der Benediktiner Anselm Grün in seiner Schrift »Ehelos – des Lebens wegen«[30] an. Er geht dabei von C. G. Jungs Lehre von den Archetypen Animus und Anima aus, die in jedem Menschen stekken. Weil deren Weckung und Vermählung jedoch selten in der einsamen Klosterzelle im Verlauf eines bloß innerseelischen, »endogenen« Prozesses gelingt, vertritt er, der Mönch solle sich psychologische, leibhaftige, ja sogar erotische Erfahrungen suchen – sozusagen als »Katalysatoren« für das Erwachen der gegengeschlechtlichen Qualitäten in seiner Seele. Wörtlich: »Diese Liebe muß nicht rein geistig sein, sie darf sich von einer gesunden Erotik nähren lassen.«[31]

Ich bin nun allerdings der Auffassung, hier werde eine (dringend zu öffnende) Tür halb aufgemacht; hier werde versucht, die Kunst zu lehren, wie man den Kuchen ißt und trotzdem unangetastet läßt. Was ist »eine gesunde Erotik« für Mönche und Nonnen? Anscheinend ungefähr alles, was den »sexuellen Verkehr« ausschließt. Dieses halbe Zugeständnis scheint mir alle möglichen seltsamen Verhältnisse zu legitimieren, nur keine klaren und eindeutigen. Oder es werden geradezu bizarr-peinliche Ersatzpraktiken empfohlen wie die folgende: »Hilfreich kann es dabei sein, wenn wir uns in die Sonne setzen . . . Wir halten

---

[30] Münsterschwarzach 1989.
[31] A.a.O., 47.

unseren Leib dem Licht hin . . . So können wir . . .
Gottes Liebe gerade an die Stellen halten, die wir
selbst nicht gern anschauen . . .«[32] – Ist es da nicht
gesünder, ehrlicher und gottgefälliger, sich mit Leib
und Seele einem geliebten Menschen hinzugeben und
eine ganzheitliche Liebe zu wagen, statt ein bißchen
Leiblichkeit zuzulassen (aber auf keinen Fall das
»eine« ach so Entweihende!)? Ist das nicht richtiger,
als jemanden bloß als Katalysator für die Entfaltung
seiner privaten innerseelischen Ganzheit zu gebrauchen, ja zu mißbrauchen, indem man ihn wegwirft,
wenn er einem zur gewünschten Selbstentfaltung ver-
holfen hat? Genau genommen bestätigt diese Vorstellung »eheloser Erotik« immer noch jene einfältige
Auffassung des alten Kirchenrechts, auf die nur Zölibatäre kommen können, im Wesentlichen mache der
»eheliche Akt« die Ehe aus – als ob in einer gesunden
Ehe die Kopulation das ständige Hauptthema sei.

Ich neige heute zum ketzerischen Gedanken: Statt
zu verlangen, daß ihre Priester durch sexuelle Enthal-
tung »geheiligt« seien, sollte die Kirche vorsehen, daß
sie durch die Liebe einer Frau geheiligt seien; daß ihr
Leib jene heiligende Berührung erfahre, die ihn als
kostbares Gefäß offenbaren und bestätigen, als Tempel des Heiligen Geistes der Liebe. Das wäre eine
späte, aber echte Wiedergutmachung aller Verteufe-
lung des Leibes. Indes ist diese Idee ebenfalls zu naiv,
da offensichtlich eine solche heiligende Erfahrung
nicht allgemein zwischen den Paaren ist, ja solche Art
Liebe selten zu sein scheint – diese keusche, jungfräu-
lich-ehrfürchtige Einswerdung von Seele und Leib.

[32] A.a.O., 56.

140

Dazu hinzuführen wäre eine viel hilfreichere Aufgabe unseres Christentums, als einfältige Normen für das Sexualleben zu verteidigen.

Im Tiefsten, sagt Panikkar, gehe es um »das Problem, ob der *monachos* ›all-eins‹ sein kann, indem er ›allein‹ lebt, ob letztlich der Monotheismus (und Dualismus) oder ob . . . (die) Trinität das eigentliche Paradigma der Vollendung sind.«[33]

Wo eher als in gelungenen Partnerschaften und schöpferischer, treuer Liebe, also im Urmodell der Trinität, findet sich der Ort, wo Menschen etwas Wesentliches über Gott erfahren, nämlich: daß sie wie vom menschlichen, so erst recht vom göttlichen Du vorbehaltlos angenommen sind, ohne Wenn und Aber? Darin besteht doch die grundlegende Botschaft und Erfahrung des Evangeliums: daß wir bedingungslos geliebt sind, mit all unseren Schwächen, und daß diese Liebe die Kraft hat, unsere Schwächen zu heilen.

Hätten mehr Menschen aus einer gelungenen menschlichen Liebes-Erfahrung heraus die Theologie gepflegt, wäre vermutlich die Frage, wie wir einen gnädigen Gott finden können, nie derart beherrschend und zuweilen lähmend geworden, wie das im Abendland der Fall war; ganz zu schweigen vom chronisch gestörten Verhältnis einer Zölibatären-Kirche zur Sexualität und zu den Frauen ganz allgemein.

– Der Ehelose, der menschlich Unerfüllte, ist jedoch nach der Lehre der Kirche ein hervorragendes »eschatologisches Zeichen«, ein Verweis darauf, daß unsere »eigentliche« Erfüllung noch aussteht und daß wir *Wartende* sind, Wartende auf Gottes Heil.

[33] A.a.O., 115.

Ich empfinde meine Ehe als viel überzeugenderes »eschatologisches Zeichen« dafür, daß Gottes Heil schon in uns angefangen hat. Unsere Liebe sagt nie: »Ich habe jetzt ja alles und brauche auf nichts mehr zu warten«, sondern sie ist voller Sehnsucht nach noch mehr Vollendung, nach Ewigkeit. Sie bettet nicht zur Ruhe (doch, kurzfristig schon, und das ist eine sabbatliche, festliche Erfahrung; aber nie endgültig); nein, sie setzt uns auf den Weg in Richtung »noch mehr«; sie birgt eine unbändige Dynamik auf Zukunft hin. Mir scheint, wer schon ein kleines Stückchen Glück verkosten darf, macht sich leidenschaftlicher auf den Weg, als wer immer nur mit Hunger auf Trab gehalten wird. Oder, wie Martin Buber gesagt hat: Es ist töricht, zu meinen, jemand, dem man einen Schluck Wasser zu trinken gebe, sei für immer verloren für das Projekt der Bewässerung der Sahara.

ALS EXKOMMUNIZIERTER LEBEN

Seit meiner standesamtlichen Trauung bin ich exkommuniziert. Ich bin es doppelt, weil ich eine geschiedene Frau geheiratet habe. Die sogenannte »Laisierung« halte ich für einen verlogenen juristischen Trick und auch für eine entwürdigende Prozedur – genau wie die »Annullierung« von subjektiv guten Glaubens geschlossenen Ehen. Aber selbst wenn ich mich auf solche Formalitäten einlassen würde, gäbe es nach dem Recht der katholischen Kirche für mich mein Lebtag nur einen Ausweg aus meiner Exkommunikation: meine Frau im Stich zu lassen oder auf ihren Tod zu warten. Oder ich müßte sie umbringen und könnte mich dann in einer sakramentalen Beichte wieder ganz mit der Kirche versöhnen.

Ich fühle mich in der Ecke als Exkommunizierter am richtigen, mir angemessenen Platz. Ich gehöre zur Kirche; ich bin mit sehr vielen Menschen darin, Mitbrüdern im Orden, Priestern, Männern und Frauen dank meiner Lebensgeschichte untrennbar verbunden. Mir macht es nichts aus, in dieser Kirche als an den Rand Gedrängter, als Querliegender zu leben. Im Gegenteil: Anders könnte ich mich kaum mit ihr identifizieren. Ich war Prior, ich war Priester, ich war praktisch Gemeindepfarrer – alles zusammen immerhin siebzehn Jahre lang –, habe also die Kirche repräsentieren, vertreten, habe vorne dran sitzen müssen. Am richtigen Platz habe ich mich dabei nie so ganz gefühlt. Unzählige Male bin ich in Winzingen und anderswo darauf angesprochen worden, warum ich mich bloß »Bruder« nenne und nennen lasse, wo ich doch Priester, und folglich »Pater« sei. Offensichtlich war das für viele Leute ein »Problem«. Für mich aber war das mehr als eine launige Marotte.

Hat nicht Jesus seine Jünger ausdrücklich angewiesen, sich in keine Vater-, Lehrer- und Honoratiorenrolle zu begeben? Seine diesbezüglichen Anweisungen sind eindeutig – viel eindeutiger als seine Worte über Ehelosigkeit und Ehe. Aber die offizielle Kirche hat sie immer in den Wind geschlagen und tut es weiterhin. »Ihr sollt niemand auf Erden Vater nennen, denn nur einer ist euer Vater, der im Himmel«, hat Jesus gesagt (Mt 23,9); aber trotzdem werden wir von einem »Heiligen Vater« und unzähligen großen und kleinen Patriarchen regiert.

Auch nach dem neuesten Kirchenrecht wird der Bischof als Potentat über Gläubige definiert: Er verfügt über die »potestas« über sie (can.381), und bei Amtsantritt »ergreift er Besitz« von seinem Bistum (possessionem capit, can.382), und man spricht ganz selbstverständlich von seiner »Inthronisation«. Das kann man natürlich alles mit ein bißchen Theologie ins höchst Spirituelle und tiefsinnig Ekklesiologische deuten. Aber in der Praxis wird damit eben doch *Macht* assoziiert, nicht nur theoretisch.

»Bei euch soll es nicht so sein«, hat Jesus dagegen eindeutig gesagt, »sondern wer bei euch groß sein will, der soll euer Diener sein, und wer bei euch der erste sein will, soll euer Sklave sein« (Mt 20,26–27).

Um zu begründen, daß man das alles nicht so wörtlich nehmen dürfe, greifen alle konservativen Geister interessanterweise nicht auf streng theologische Argumente zurück (weil es die nicht gibt), sondern auf historische, kulturgeschichtliche, psychologische, soziologische, vernünftige – bedienen sich also selbstverständlich all der Kategorien, die sie in der Theologie mehr verabscheuen als der Teufel das Weihwasser; holen folglich für ihre Zwecke als Komplizen zur Hintertür herein, die sie als seriöse Gäste an der Tür abweisen.

Oder: Jesus hat über das Meiden von Reichtum und Besitz viel kompromißlosere Worte als über irgendwelches Eherecht gesagt. Über die Pflicht zur Einfachheit und Armut gibt es jedoch auch im neuesten Kirchenrecht keinen Paragraphen; dafür enthält es ein ganzes Buch (das V.) über eine uralte Tradition: das »Kirchenvermögen«. Weil die Kirche damit immer genau gegen den Geist der Bergpredigt umgegangen ist (aus endlos vielen guten historischen, soziologi-

schen, wirtschaftlichen, vernünftigen Gründen . . .),
gilt sie seit dem Mittelalter vermögensrechtlich offi-
ziell als »Tote Hand«. Diesen Titel hat ihr das konse-
quente Prinzip eingetragen, Immobilien nur an sich zu
nehmen, sie aber nie mehr herauszugeben, womit sie
für den Wirtschaftsverkehr gleichsam »tot« waren.
Auch im Kirchenrechtsbuch von 1983 wird allen
Amtsträgern vorgeschrieben, darüber zu wachen, »daß
das ihrer Sorge anvertraute Vermögen auf keine Weise
verlorengeht oder Schaden leidet; zu diesem Zweck
müssen sie . . . dafür sorgen, daß das Eigentum an
dem Kirchenvermögen auf nach weltlichem Recht gül-
tige Weise gesichert wird« (can. 1284). Daß ein solches Unternehmen keine allzu kritischen Worte gegen
Großkapital, Reiche, Großgrundbesitzer und Finanz-
bosse verwenden kann, sondern sich mit ihnen arran-
giert, ist verständlich. Und daß ihr spirituelles Gespür
dadurch ziemlich erstickt wird, auch.

Heute kommt mir die Lehre von der »objektiven
Gültigkeit« der Sakramente, die nur ihre Priester spen-
den können, geradezu als einer der genialsten Tricks
der Kirche vor, allen Anfragen nach der persönlichen
Glaubwürdigkeit ihrer Diener die Spitze zu nehmen.
Diese völlige Aufspaltung zwischen objektivem Amt
und subjektiver Qualität legitimiert eine grundsätzlich
von allen Fragen nach ihrem Lebensstil abgehobene
Hierarchie. Alle Mahnungen, »sich seines Standes als
würdig zu erweisen« (die natürlich regelmäßig aufge-
sagt werden), sind bloßer Zierat, weil das Wesentliche
auch ohne deren Befolgung gewährleistet ist: Selbst der
sündigste, selbst der perverseste Priester spendet nach
dieser Lehre jegliches Sakrament voll gültig. Vom
Empfänger hingegen wird Würdigkeit verlangt; sonst

»zieht er sich das Gericht (Gottes) zu« (1 Kor 11,29). Und selbst die dabei verwendete Materie muß »echt« sein: Wenn das Brot kein echtes Brot, der Wein kein echter Wein sei, komme das Sakrament nicht zustande, heißt es. Folglich ist in Ländern und Situationen, wo echtes Brot und echter Wein nicht selbstverständlich verfügbar sind, das Sakrament kategorisch ungültig. Der Spender jedoch darf eine menschliche und moralische Null sein, denn der ist garantiert »objektiv« heilig, feiert das Sakrament immer gültig und ist immer entsprechend zu achten und zu ehren . . .

Ich verstehe an dieser Kirche vieles nicht mehr; ich stoße mich schrecklich an vielem; ich bin froh, sie nicht mehr vertreten zu müssen. Was von Rom herüberkommt, erscheint mir nicht als das Zeugnis für die faszinierende Wirklichkeit Gottes und als überzeugende Hilfe für eine reife Spiritualität. Unser christlicher Glaube, soweit ich ihn verstehe, ist primär die Botschaft vom überwältigenden und alle Gesetze über den Haufen werfenden »splendor« eines uns liebenden Gottes. (Das Wort »splendor«, griechisch »doxa« mit dem üblichen »Herrlichkeit« zu übersetzen, widerstrebt mir heute; in diesem Wort steckt zu sehr die Assoziation von »Herr« und »Herrschaft«; als »Lichtwucht« ist es schon übersetzt worden.) Unser christlicher Glaube ist *nicht* primär eine Morallehre (vornehmlich über sexuelle Fragen), als der er fast nur noch vorgestellt wird. Jesus hat doch ganz anders angesetzt: Er hat die bedingungslose Liebe Gottes ausgerufen, hat diese Liebe spür- und greifbar werden lassen. Wer sich auf diese Liebe einläßt, wer von ihr gepackt wird, wer aus ihrer Wirklichkeit lebt, dem wird »alles andere dazugegeben« (Mt 6,33) – zum

Beispiel auch ein neues moralisches Verhalten. Jesus hat sich beim Zöllner Zachäus eingeladen, beim Sünder, und der war von dieser Ehre so überwältigt, daß er alles weggeworfen hat, woran er seither sein Herz gehängt hatte: *So* geschieht echte Bekehrung, nicht durch Moralpredigt.

Diese gängelnden Moralbotschaften, diese Gehorsamsappelle kreisen mir zu wenig um Gott, wirken auf mich eher wie die besessene, beinahe schon unheimlich-manische Sorge um den Erhalt der Einrichtung Kirche und ihres Einflusses, im selben Stil, wie Konzernchefs um Erhalt und Expansion ihrer Firma kämpfen. Ich sehe zu viele hierarchische Führer, die ihr Kirchenrecht genau kennen, aber zu wenig spirituelle Autoritäten. Ich beobachte zu viel Pochen auf von außen auferlegte Autorität, statt daß auf jene innere Autorität und Überzeugungskraft gesetzt wird, die es einzig verdient, biblischer Glaube genannt zu werden.

Die spürbare faktische *Gottvergessenheit* der höchsten Vertreter der katholischen Kirche macht mich traurig, ihre Borniertheit wütend: daß sie nicht wirklich *Gott* als das »eine Notwendige« aufzeigen, sondern sich vornehmlich um den Bestandserhalt ihrer Einrichtung und deren Einfluß und Traditionen kümmern. Statt daß sie uns das Brot *Gottes* austeilen, werfen sie uns die erstarrten Lavabrocken eines aus vorgeblich ewigen Prinzipien des »Naturrechts« deduzierten Moralsystems auf den Weg und definieren, was uns unser Gewissen zu sagen habe. Tausend Beispiele aus der Geschichte gibt es, wo sie falsch gelegen haben und wo kein »unfehlbares« Gespür des Papstes gemahnt hat. Wo war es – um ein »harmloses« Beispiel zu nennen neben denen, die in der Literatur zuhauf

147

genannt werden, aber keinen Dogmatiker beeindruk-
ken –, als jahrhundertelang Knaben vor dem Stimm-
bruch kastriert wurden, damit ihre schönen Stimmen
dem Chor der Capella Sixtina erhalten blieben? »In
der Capella Sixtina sangen noch zu Beginn des 20. Jh.
Kastraten«, heißt es lapidar im »Lexikon für Theologie und Kirche«. Ja, wo war da das unfehlbare moralische Gespür des Papstes, der heute jede Frau ver-
dammt, die sich nach ihrer x-ten Entbindung aus
schierer Not sterilisieren läßt?[34] Der behauptet, dies sei
eine ewige, unabänderliche sittliche Norm, die die
Kirche schon immer vertreten habe?

Trotz all solcher entmutigenden Erscheinungen
glaube ich an die Kirche. Nicht an die Kirche als
Institution, die derzeit galoppierend ihren letzten Kre-
dit verliert, aber an die Kirche als Mysterium, als
geheimnisvolle, weithin unsichtbare Gemeinschaft aller von Jesus Christus Ergriffenen. Hie und da leuchtet
sie in einzelnen Menschen auf. Vor einigen Jahren
hätte ich noch gesagt: in den Heiligen. Es hat in frühe-
ren Zeiten Heiligsprechungen durch das Volk gegeben, die Rom zur Kenntnis genommen und bestätigt
hat. Aber schon lange werden Heiligsprechungen nur
noch von der Zentrale aus propagandistischen Absichten vorgenommen, in geradezu inflationärer Zahl, um
systemkonforme Ideale aufs Podest zu heben. Populä-
re Heilige wie Johannes XXIII. oder Oscar Romero
haben kaum mehr eine Chance, Mutter Teresa wird
bald nach ihrem Tod kanonisiert werden, weil sie immer genau das gesagt hat, was der Papst vertritt. Die

---

[34] »Direkte Sterilisation« wird auch im 1993 erschienenen, weltweit normativen »Kate-
chismus der katholischen Kirche« kategorisch als »sittlich unzulässiges Mittel« bezeichnet (nr. 2399).

wirklichen Heiligen sind unter uns, auch heute. Sie waren immer im gewöhnlichen Volk verstreut, und oft sind sie verketzert, verbrannt, umgebracht worden. Mein Zustand der Exkommunikation ist für mich eine Form der Solidarität und communio mit ihnen.

Dennoch glaube ich, daß die Kirche als verfaßte Einrichtung notwendig ist. Ihre Verfassung müßte in vielen Punkten anders aussehen. Aber grundsätzlich muß es sie geben, als Ort, wo man die Botschaft Jesu sozusagen objektiv und greifbar findet; als Geländer, als roter Faden, der ununterbrochen durch die Geschichte fortläuft, so schmutzig und verfärbt er auch zeitweise sein mag. Denn die Weitergabe des Glaubens kann nicht geschichtslos dem Zufall überlassen bleiben, ob man ein Individuum findet, das etwas von Jesus weiß und lebt.

Aber die Institution hat ihre Grenzen. Sie ist Mittel zum Zweck. Sie ist Schule, die ihre Schüler in die Mündigkeit entlassen sollte. Richard Rohr sagt einmal: »Die Kirche spielt die gleiche Rolle wie Johannes der Täufer; sie spielt die gleiche Rolle wie der Leib Jesu. Der Leib Jesu mußte sterben, damit das Reich Gottes kommen konnte. Johannes der Täufer mußte über sich selbst hinaus auf das Reich Gottes verweisen. Die Kirche ist kein Ziel in sich selbst; die Kirche ist ein Mittel. Das Ziel ist das Reich Gottes. Sooft wir aber ein Mittel zum Ziel machen, erschaffen wir einen Götzen. Nach Ausweis der Bibel ist dieser Götzendienst die allergrößte Sünde. Vielleicht ist das sogar die einzige wirkliche Sünde.«[35]

Vor einigen Jahren war ich mit meinen Erstkommu-

[35] A.a.O., 18.

nikanten zu Besuch in einer Falknerei. Dort werden Greifvögel aller Art nachgezogen und ausgewildert. Manche Vögel gewöhnen sich nie ganz an die Freiheit. Dann ist es in Ordnung, daß sie entweder in der Falknerei bleiben oder auch kurze Flüge unternehmen oder in größeren oder kleineren Abständen dorthin zurückkehren, um sich Futter zu holen und auszuruhen. Aber etliche verschwinden für immer und leben in freier Wildbahn. Sie sind der größte Erfolg der Falknerei.

Mir scheint das ein anschaulicher Vergleich dafür zu sein, was die Kirche sein könnte: eine Ausbildungsstätte geistlich freier Menschen. Wir alle sind als Adler geboren und tragen in uns die Gnade und Berufung, in schwindelnde Höhen und Fernen zu fliegen. Das ist mit der »Taufgnade«, der »heiligmachenden Gnade« gemeint. Aber man hält uns wie Legehennen. Aus der Falknerei ist eine Bewahranstalt geworden. Doch in unserer pluralistischen, hochkomplexen, verwirrenden und verrückten Welt bedarf es mehr denn je freier, kritischer, verantwortungsbereiter, risikowilliger Menschen. Mit *solchen* Menschen sollte man dann über die Gestaltung einer authentischen Gemeinschaft sprechen, statt mit der beschwörenden Rede über Gemeinschaft bloß Schafe im Pferch zu halten.

Aber offensichtlich gehört es zur inneren Konsequenz eines Weges der Nachfolge, ins Abseits, ins Aus zu geraten. Das ist der Preis der Individuation, der Geburt als eigenständiger Mensch. Der Schoß der »Mutter Kirche« birgt und nährt, solange man bereit ist, Embryo zu bleiben. Er stößt aus, wenn man sich verselbständigt.

Die Kirche ist ein Mysterium. Mysterien kann man nicht abmessen, einteilen und juristisch organisieren.

Schon Augustinus hat gesagt: »Viele, die drinnen sind, sind in Wirklichkeit draußen; und viele, die draußen sind, sind in Wirklichkeit drinnen.« Deshalb bedarf es immer kritischer Distanz zur Kirche, wo sie zu viel darstellen und sein will. Aber, etwas abgewandelt mit Teilhard de Chardin gesprochen: Wie könnte ich eine Kirche ganz ablehnen, die mir die Maßstäbe und Kriterien vermittelt hat, nach denen ich sie heute zu beurteilen vermag?

Eine Organisation der Nichtorganisierten ist ein Widerspruch in sich. Von einem bestimmten Punkt der Entwicklung ab ist es geradezu »normal«, daß die Organisation einen, der sich von ihr nicht mehr in ausreichendem Maß organisieren läßt, ausspeit. Ich denke, man muß dieser Gesetzmäßigkeit mit Nüchternheit und Galgenhumor ins Auge sehen und sie über sich hereinbrechen lassen – was den eigenen Fall betrifft. Allerdings ist das ein Luxus, den man sich erst in unseren Tagen leisten kann. Er wird in dem Maß möglich, in dem die Kirche gottlob ihrer äußeren Machtmittel beraubt wird und in dem wir uns auch innerlich von der ungut angstmachenden Seite ihrer Botschaft und Herrschaft befreien. Welche seelischen Qualen und Ängste haben verheiratete Priester in der ersten Hälfte dieses Jahrhunderts noch durchgestanden! Wie sind ein Joseph Bernhard, ein Joseph Wittig nach Jahrzehnten voller Ängste zu Kreuze gekrochen! Wie stark war die Barriere, die Vorausdenker und -taster wie Teilhard oder meinen Ordensbruder Thomas Merton vor den letzten persönlichen Konsequenzen gebremst hat!

Angesichts des unsagbaren Leids, das eine grausam-gnadenlose Kirche ungezählten Menschen zufügen konnte und immer noch kann – all denen, die sie in entsetzliche Gewissensqualen gestürzt, die sie aus gegrenzt, eingesperrt, mundtot gemacht, ihrer Existenzgrundlagen beraubt, ihrer Würde entblößt, erniedrigt, gefoltert und verbrannt hat, nur weil sie nicht konform gedacht und gelebt haben; angesichts all dessen kann mich nur Entsetzen, Abscheu, blanke Wut überkommen.

Noch vor wenigen Jahrzehnten wäre ich selbst psychologisch und gesellschaftlich fertiggemacht, noch vor wenigen Jahrhunderten von frommen, selbstgerechten Klerikern eingesperrt, gefoltert oder verbrannt worden. Noch heute weiß ich konkret Menschen, die mir alles erdenklich Schlechte und das Scheitern meiner Ehe wünschen und die nur warten, bis mir die Puste ausgeht. Noch heute weist das Bischöfliche Ordinariat alle katholischen Einrichtungen, die mich zu Gespräch oder Vortrag einladen, umgehend an, mich wieder auszuladen, und ich kann mir einen vergnüglichen Sport daraus machen, so kurzfristig irgendwo zuzusagen, daß der bischöfliche Einspruch zu spät kommt.

Jesus hat Menschen geholfen und sie dann weggeschickt, offensichtlich für immer. Weil er sie geheilt hatte und sie an ihn geglaubt hatten, waren und blieben sie die »Seinen«, auch ohne einer »Organisation der Seinen« beizutreten. Die Kirche ist offensichtlich überfordert, sich genauso zu verhalten. Damit müssen wir leben. Aber unser Leben davon einengen und abwürgen zu lassen, das brauchen wir nicht. Dafür ist es zu kostbar. Dann müssen wir eben den Staub von unseren Füßen schütteln und heiter weiterwandern. In diese Freiheit hat mir meine Eheschließung hinausgeholfen. Darum bin ich froh, mich radikal verändert, froh, geheiratet zu haben und künftig Hausmann statt Kirchenmann zu sein.